二十国集团框架下的中美互动

顾国平◎著

世界知识出版社

图书在版编目（CIP）数据

二十国集团框架下的中美互动/顾国平著．--北京：世界知识出版社，2020.5

ISBN 978-7-5012-6234-2

Ⅰ.①二… Ⅱ.①顾… Ⅲ.①中美关系—研究 Ⅳ.①D822.371.2

中国版本图书馆 CIP 数据核字(2020)第 072436 号

责任编辑　刘豫徽
责任出版　王勇刚
责任校对　陈可望

书　　名　二十国集团框架下的中美互动
Ershiguo Jituan Kuangjiaxia de Zhongmeihudong

作　　者　顾国平

出版发行　世界知识出版社
地址邮编　北京市东城区干面胡同 51 号（100010）
经　　销　新华书店
网　　址　www.ishizhi.cn
投稿信箱　lyhbbi@163.com
电　　话　010-65265923（发行）
010-85119023（邮购）
印　　刷　北京虎彩文化传播有限公司
开本印张　850 毫米×1168 毫米　1/32　9 印张
字　　数　150 千字
版次印次　2020 年 6 月第一版　2020 年 6 月第一次印刷
标准书号　ISBN 978-7-5012-6234-2
定　　价　58.00 元

本书受北京第二外国语学院“科技创新服务能力建设—高精尖学科建设（市级）—外国语言文学”项目支持

前 言

本书是2014年教育部人文社会科学研究青年基金项目“二十国集团框架下的中美合作与竞争”的最终成果，出版受北京第二外国语学院“科技创新服务能力建设—高精尖学科建设（市级）—外国语言文学”项目资助与支持。书稿完成于2018年夏秋之交，之后在提交结项之际和出版之前做过两次主要的修改与校对，但书稿原来的时间框架未曾变动。书中所引的资料都是2018年上半年之前的文献资料，书中涉及的二十国集团峰会是包括2017年7月德国汉堡峰会在内的前12次峰会，之后2018年11月底12月初的阿根廷布宜诺斯艾利斯第十三次峰会和2019年6月的日本大阪第十四次峰会都没有包括在本书的讨论范围之内。鉴于此，书中的分析与结论主要反映的是在2018年秋天之前国内外学界研究基础之上作者研究和思考的结果。

目　录

第一章

绪论

二十国集团（Group of 20，G20）诞生于危机，成长于危机。

1999 年 12 月，两年前爆发的亚洲金融风暴余震未消，首届二十国集团部长级会议作为“布雷顿森林体系框架下的非正式对话机制”在德国柏林召开，旨在应对和预防类似金融危机的再次爆发。在之后的十年中，二十国集团部长级会议的议程从最初关心的亚洲金融危机扩展至国际金融机构改革、反对资助恐怖主义活动等金融议题以及各轮值主席国关注的议题，但总体而言，二十国集团在其诞生后的第一个十年内，作为一种危机应对与预防机制在国际治理中还处于相对边缘的位置。

二十国集团机制的升级源于另一次比亚洲金融危机更为严重的危机。2007 年，美国次贷危机爆发，一年内发展成为全局性的金融危机，并迅速蔓延至全球。2008

年11月，二十国集团在美国华盛顿召开首届首脑会议，成为应对此次金融危机的最重要的国际机制。在2009年9月的第三届匹兹堡二十国集团峰会上，二十国集团被正式确立为“国际经济合作主要平台”，开始了从危机应对向危机后的政策协调与长效治理机制的转型，在全球经济治理领域发挥越来越重要的作用。

第一节　研究背景与意义

截至2018年夏天，二十国集团首脑峰会已经走过了第一个十年，共召开了十二次领导人峰会，在应对全球金融危机和全球经济治理方面取得了明显的成效。二十国集团的诞生，特别是二十国集团峰会机制的建立为美国——最大的发达国家和现行国际体系的主导者——与中国——发展势头最为强劲的发展中国家——在全球经济治理领域提供了新的互动平台。美国和中国在二十国集团峰会的成立与发展进程中具有举足轻重的作用。澳大利亚悉尼大学学者盖瑞特（Geoffrey Garrett）曾将美国和中国视为二十国集团内部的“两国集团”①，两国双边

① Geoffrey Garrett, “G2 in G20: China, the United States and the World after the Global Financial Crisis,” *Global Policy*, Vol. 1, No. 1, January 2010, p. 30.

关系的发展对于该集团的发展具有重大影响。美国对外关系委员会国际研究所主任、全球治理项目负责人、原美国国务院政策计划委员会成员斯图瓦特·帕特里克（Steward Patrick）在谈及中美关系对全球治理的重要影响时指出："从根本上说，美国要进行有效的全球治理改革将主要取决于美国与世界上最主要的崛起国——中国——之间的双边关系。"① 本书旨在研究中美两国在二十国集团平台上的合作与竞争，揭示2008年国际金融危机以来两国在全球经济治理中的互动新格局。

二十国集团是当前国际经济合作主要平台，而美国和中国是二十国集团中最大的发达国家和最大的发展中国家，研究美国和中国在该平台上的合作与冲突不仅对研究国际格局演变对全球经济合作与治理的影响具有重要的理论意义，而且对于二十国集团今后的发展和中国如何更好地参与全球治理也具有重要的实践意义。

首先，二十国集团机制诞生与兴起伴随着近年来国际经济和政治力量对比的变化。随着包括中国、印度、巴西等新兴经济体的经济增长，全球经济与政治中心开始向这些国家转移，原有的由国际货币基金组织、世界

① ［美］斯图瓦特·帕特里克：《全球治理改革与美国的领导地位》，《现代国际关系》2010年第3期。

银行以及作为补充的关贸总协定（后为世界贸易组织取代）组成的布雷顿森林体系以及七国集团、八国集团等主导的全球经济治理机制在有效性与合法性上都显得捉襟见肘。包括主要“系统重要性经济体”（systemically important/significant economies）① 在内的二十国集团应运而生。然而，以美国为首的发达国家对新兴经济体不断深入参与国际经济治理却有着复杂的情绪，一方面希望新兴经济体在全球经济治理中承担更多责任，并缓解原有全球经济治理机制的合法性和代表性危机，另一方面却又不希望这些国家在全球经济治理机制中获得太大的影响力，从而挑战发达国家的主导地位。而美中两国在二十国集团框架内的关系正是这种紧张关系的缩影。研究二十国集团内美国与中国的合作与竞争可以提供一个重要的窗口，用以观察守成大国与崛起大国在全球经济治理领域内合作交往的空间与限度，充实现有国际经济治理理论。

其次，随着中国参与国际治理的深入，如何进一步

① “系统重要性经济体”（systemically important/significant economies）这一表达指的是二十国集团创立之时的成员遴选标准，即成员必须是世界经济中具有系统重要性的经济体，对全球经济和金融系统的稳定具有举足轻重的作用。参见 G20，“The Group of Twenty: A History,” 2008, p. 20, http://www.g20.utoronto.ca/docs/g20history.pdf。（2017 年 12 月 5 日登录）

深化中国与国际制度的联系，尤其是处理好中国与国际体系的主导国美国的关系，成为中国外交面临的紧迫的课题。近年来，二十国集团首脑峰会作为国际经济合作主要平台，为研究中美关系以及中国与具体国际机制的关系提供了一个很好的切入点。作为最大的新兴国家，中国的崛起必将对当前美国主导的国际体系产生深远的影响。为了避免国际关系史上大国崛起引发的动荡，缓解和消除中美两国之间的“战略互疑”①，中国政府致力于探索同美国建设新型大国关系，希望两国能以创新的思维、切实的行动打破历史上大国对抗、冲突的传统逻辑。显然，研究中美两国在二十国集团中不同的议题和政策领域的互动与博弈，有助于揭示两国在建设新型大国关系过程中的成果和问题，探索中美之间形成共赢式博弈的途径。

第二节　国内外研究现状与文献综述

本书研究的对象是中美两国在二十国集团框架内的合作与竞争，本节文献综述部分主要回顾和梳理了截至

① 王辑思、李侃如：《中美战略互疑：解析与应对》，北京：社会科学文献出版社 2013 年版。

2018年年中国内外学界在二十国集团研究和美国、中国与二十国集团关系研究领域的相关研究文献。

一、二十国集团研究

二十国集团成立于1999年，2008年升级为首脑峰会，在2009年的第三次峰会上又被宣布为“国际经济合作主要平台”。二十国集团从诞生到发展成为国际经济治理的主要平台，一直吸引着国内外学者的广泛关注。现有的二十国集团研究主要集中于二十国集团的意义、作用、问题与挑战以及转型与改革的方向等。

关于二十国集团的意义与作用，学者多从经济全球化和国际力量格局变化的角度分析二十国集团成立与发展的意义。中国现代国际关系研究院研究员林利民从国际体系转型的角度阐述了二十国集团诞生与崛起的重大意义，认为二十国集团的出现不仅反映了国际力量在政治上的相对变化，也显示了国际体系主导权新一轮“周期性转移”进程的正式启动。① 罗马尼亚学者邦丘（Florin Bonciu）指出，二十国集团取代八国集团并非仅仅是2008年国际金融危机的结果，其深层的原因是近二

① 林利民：《G20崛起是国际体系转型的起点——仅仅是起点!》，《现代国际关系》，2009年第11期。

三十年来世界格局由单极向多极的转变。① 上海国际问题研究院研究员张海冰也指出，虽然金融危机是促使二十国集团代替七国集团、八国集团成为国际经济合作主要平台的转折点，但是这一转变背后更深层的原因在于世界经济发展、国际力量格局和国际关系发生了巨大变化。②

二十国集团成立特别是首脑峰会召开后，在国际经济合作与治理方面取得了丰硕的成就，发挥了重要作用。在 2013 年 9 月圣彼得堡峰会期间发表的《二十国集团峰会五周年声明》中，二十国集团对前五年的成绩做了自我总结，其中提到了成员间的宏观经济政策合作，刺激世界经济的复苏与增长；金融行业改革计划；议题由原先的经济和金融领域扩展至恢复财政可持续性、金融和税收改革、反腐败、发展、能源、农业、包容性绿色增长等领域；开始同二十国集团之外的发展中国家合作等。③ 加拿大学者库珀（Andrew F. Cooper）认为，与七

① Florin Bonciu, "G20—A Stepping Stone towards a New World Order?" *Romanian Economic and Business Review*, Vol. 4, No. 2, 2009.

② 张海冰：《二十国集团机制化的趋势与影响》，《世界经济研究》2010 年第 9 期。

③ 《二十国集团峰会五周年声明》，中华人民共和国外交部网站，2013 年 9 月 11 日，http://www.fmprc.gov.cn/mfa_chn/zyxw_602251/t1075599.shtml；英文版可见 University of Toronto G20 Information Centre, "G20 5th Anniversary Vision Statement," September 6, 2013, St. Petersburg, http://www.g20.utoronto.ca/2013/2013-0906-vision.html。（2017 年 10 月 5 日登录）

国集团、八国集团相比，二十国集团在代表性方面实现了历史性的突破。而且，二十国集团通过成员领导人之间的直接交流，成为刺激经济复苏和为国际货币基金组织等机构注资的催化剂。[①] 美国布鲁金斯学会研究员布拉德福特（Colin Bradford）等指出，二十国集团前三届峰会的最大成就是各成员推出的大规模财政扩张措施。[②] 加拿大智库国际治理创新中心（CIGI）前资深研究员卡林（Barry Carin）等认为，二十国集团国家的救市行动缓解了全球金融危机的冲击，使得该集团在合法性和有效性方面都获得了很多加分。[③] 除了在刺激经济复苏的重大贡献之外，二十国集团还在其他领域发挥了重要作用。德国学者门克霍夫（Lukas Menkhoff）等分析了二十国集团对国际货币基金组织等机构改革的推动作用——使发达国家和新兴经济体在国际货币基金组织投票权转

---

① Andrew F. Cooper, "The G20 as an Improvised crisis committee and/or a Contested ' Steering Committee' for the World," *International Affairs*, Vol. 86, No. 3, 2010, pp. 741-757.

② Colin Bradford and Johannes Linn, " A History of G20 Summits: The Evolving Dynamic of Global Leadership," *Journal of Globalization and Development*, Vol. 2, No. 2, 2011.

③ Barry Carin and David Shorr, "The G-20 as a Lever for Progress," *Policy Analysis Brief*, The Stanley Foundation, 2013.

移方面达成了共识。[①] 中国外交学院学者董亮则分析了二十国集团持续参与全球气候变化治理的动力与不断增强的影响力。[②]

在取得巨大成绩的同时，二十国集团在发展的道路上也遭遇了各种困境和挑战。早在二十国集团成立之初，就面临合法性、代表性和有效性的质疑。中国多数学者对二十国集团持审慎态度，一方面认同二十国集团的发展反映了全球经济治理的力量重心发生转移的现实，另一方面则认为该集团在发挥国际经济合作的功能时面临重重困难。[③] 英国谢菲尔德大学政治学教授佩恩（Anthony Payne）指出，虽然相比于七国集团、八国集团，二十国集团从地缘政治的角度看更有代表性，但由于排除了世界上其他大多数国家的成员资格，二十国集团继承了七国集团、八国集团在代表性上的问题，将注定永远只是一个精英俱乐部或指导委员会。佩恩也指出了二十国集团的效率问题。在二十国集团峰会上，参加

① Lukas Menkhoff and Reeno Meyer, "The G20 Proposal on IMF Governance: Has Any Progress Been Made?" *Intereconomics*, Vol. 45, No. 3, 2010, pp. 171-179.

② 董亮：《G20 参与全球气候治理的动力、议程与影响》，《东北亚论坛》2017 年第 2 期。

③ 黄仁伟：《新兴大国参与全球治理的利弊》，《现代国际关系》2009 年第 11 期；金灿荣：《G20 的缘起与前景》，《现代国际关系》2009 年第 11 期。

的人员包括各成员的领导人和受邀参加的其他国家领导人和国际组织的代表，人数众多，必然降低会议的效率。① 上海浦东改革与发展研究院美国经济研究中心学者王国兴等认为，由于金融危机未能撼动美国的霸主地位和美元作为世界货币的格局，二十国集团虽然有发展中国家的参与，但是依然无法与发达国家抗衡，只是现行国际体系框架内的一种技术性修正。②

二十国集团成员的选择是基于地理上和政治上的平衡，其成员结构的多元化也意味着经济发展水平、资源禀赋条件、政治治理模式和价值观上的差异与分歧，这对集团内部形成全球治理的集体共识构成长期的挑战。中国现代国际关系研究院研究员袁鹏在二十国集团升级为峰会后的第二年便指出，二十国集团的发展将受到后续动力不足、领导缺失、成员内部分歧的制约。③ 清华大学学者崔志楠和邢悦指出了二十国集团未来发展面临的三大挑战：二十国集团松散的机制在增加其灵活

① Anthony Payne, "How Many Gs Are There in 'Global Governance' after the Crisis? The Perspectives of the 'Marginal Majority' of the World's States," *International Affairs*, Vol. 86, No. 3, 2010, pp. 729-740.

② 王国兴、成靖：《G20 机制化与全球经济治理改革》，《国际展望》2010 年第 3 期。

③ 袁鹏：《G20 的时代意义与现实启示》，《现代国际关系》2009 年第 11 期。

性的同时，也加大了组织的无效性；决策和行动能力有限；以及传统治理机制带来的强大竞争。① 意大利前总理普罗迪（Romano Prodi）作为二十国集团峰会的亲历者，也指出了影响集团治理效果的三大局限：第一，二十国集团不是一个正式的国际组织，只是一个通过共识形成决策的论坛；第二，一旦危机压力消失，集团成员就会转而以国家利益优先，集体行动很难达成；第三，二十国集团不是“经济领域的全球政府”。②

面对二十国集团面临的这些问题和挑战，学界也在积极思考二十国集团改革和转型的可能性。国外学者的探讨集中于该集团能否从危机期间的临时危机应对机构转型为协调国际经济合作的长效机制③，但意见不尽相同。加拿大学者卡林指出二十国集团在某种意义上已经是一个全球指导委员会（Steering Committee）了，它已

---

① 崔志楠、邢悦：《从“G7”时代到“G20”时代——国际金融治理机制的变迁》，《世界经济与政治》2011年第1期。

② Amano Prodi, “Global Governance and Global Summit from the G8 to the G20: History, Opportunities and Challenges,” *China & World Economy*, Vol. 24, No. 4, 2016, p. 12.

③ Andrew F. Cooper, “The G20 as an Improvised crisis committee and/or a Contested ‘Steering Committee’ for the World,” *International Affairs*, Vol. 86, No. 3, 2010, pp. 741-757; Homi Kharas and Domenico Lombardi, “The Group of Twenty: Origins, Prospects and Challenges for Global Governance,” The Brookings Institution, 2012.

经将不断增加的任务分配给其他国际组织，并在某些情况下要求这些国际组织向二十国集团报告。① 西班牙智库国际关系和外交对话基金会（FRIDE）前主任格雷维（Giovanni Grevi）认为，二十国集团在2009年于匹兹堡举办的第三届首脑峰会上，开始从一个危机管理委员会向全球指导委员会转型，但在2011年戛纳峰会上，这一全球指导委员会的角色出现萎缩，并陷入“身份危机”。格雷维认为，要摆脱这种危机，二十国集团应该致力于“制度创新和规范融合”。② 加拿大前总理保罗·马丁（Paul Martin）指出，二十国集团能否成功转型为一个指导委员会，取决于它能否改善全球化给全球每个国家带来的影响，并在危机爆发之际能否将传导或溢出效应限制到最小的范围。③ 美国政治学者伊恩·布雷默（Ian Bremmer）也表达了对二十国集团转型的悲观看法，认为该集团早期在克服危机方面取得了一定成效，但是危

---

① Barry Carin, *No Fairy Tale at the Cannes G20 Summit* (Waterloo, Canada: Center for International Governance Innovation), November 7, 2011, http://www.cigionline.org/publications/2011/11/no-fairy-tale-cannes-g20-summit.

② Giovanni Grevi, "The G20 after Cannes: An Identity Crisis," *FRIDE Policy Brief*, No. 105, November 2011.

③ Paul Martin, "The G20: From Global Crisis Responder to Steering Committee," in Andrew F. Cooper et al. eds., *The Oxford Handbook of Modern Diplomacy* (Oxford: Oxford University Press, 2013).

机之后由于价值观不同，又缺乏领导力，二十国集团已经分化碎裂，成为“空心集团”（G-Zero）。① 澳大利亚经济学家克齐纳（Stephen Kirchner）则基本否定了二十国集团在国际经济合作与治理方面的作用与贡献，认为国际经济合作只是各国国内政策的一个“表征”（symptom），而不是原因，二十国集团在协调各国政策方面基本无效。② 还有观察家甚至将二十国集团比喻为“行尸走肉”（dead forum walking）。③

中国学者对二十国集团改革的思考主要集中在制度建设方面。有学者认为二十国集团应保持其非正式性的特点，使其继续发挥灵活性、直接性和有效性的优势。④ 其他学者则建议加强和加快二十国集团的机制化建设，认为二十国集团机制化建设的目标是将其从“应对危机型机制”转变为“增长保障型机制”，从“工具性存在”

---

① Ian Bremmer, “From G20 to G-Zero,” *New Statesman*, Vol. 142, No. 5161, July 6, 2013, pp. 22–27.

② Stephen Kirchner, “The G20 and Global Governance,” *Cato Journal*, Vol. 36, No. 3, Fall 2016, pp. 485–506.

③ Greg Earl, “My G20–Soaked Season in the Sun,” *Financial Review*, June 5, 2015.

④ 朱杰进：《非正式性与 G20 机制未来发展》，《现代国际关系》2011 年第3期，第41—42页；崔志楠、邢悦：《从“G7”时代到“G20”时代——国际金融治理机制的变迁》，《世界经济与政治》2011 年第1期。

变为“制度性存在”。①

二、美国、中国与二十国集团

就美国的国际机制与二十国集团政策而言，学者比较一致意见是，就像对其他国际机制一样，美国的二十国集团政策具有浓厚的实用主义倾向。美国达特茅斯大学教授马斯坦多诺（Michael Mastanduno）考察了二战后美国的国际机制政策，发现美国对国际机制一贯采取实用主义的态度，② 而前引美国对外关系委员会国际研究所主任帕特里克等学者也向美国政府建议继续对包括二十国集团在内的国际机制采取实用主义立场。③ 辽宁大学教授房广顺等认为美国的二十国集团战略主要包括利用该集团的协调功能动员他国共同应对经济危机和主导全球治理改革的议程等。④ 英国学者米尔恩（David Milne）在分析美国的二十国集团政策时指出，奥巴马总

---

① 曹玮、王俊峰：《G20 机制化建设与中国的对策》，《亚非纵横》2011 年第 4 期。

② Michael Mastanduno, “US Foreign Policy and the Pragmatic Use of International Institutions,” *Australian Journal of International Affairs*, Vol. 59, No. 3, September 2005.

③ Stewart Patrick, “Prix Fixe and à la Carte: Avoiding False Multilateral Choices,” *The Washington Quarterly*, Vol. 32, No. 4, October 2009, p. 78.

④ 房广顺、唐彦林：《奥巴马政府的二十国集团战略评析》，《美国研究》2011 年第 2 期。

统之所以提升二十国集团的重要性，不仅是为全球权力转移做准备，而且是为了让正在崛起的发展中国家更多地参与对“全球公共产品”的管理。① 南京大学国际关系研究院教授洪邮生等在分析美国二十国集团政策的动机和目的时指出，美国是想利用二十国集团这种以更广泛与平等的合作为基础的全球经济治理的新模式，为其在更广阔的范围内主导秩序的重构寻找合法性，从而维护和巩固其在现行全球治理体系中的领导地位。②

就中国的二十国集团政策而言，学界有较大的争论。加拿大多伦多大学二十国集团研究的权威约翰·柯顿（John Kirton）将这些争论分为四派：第一派把中国视为一位“搭便车者”；第二派认为中国是现有国际秩序的挑战者；第三派认为中国应“另起炉灶”，构建一个新的国家集团，实施更好的全球治理；第四派认为中国是二十国集团首脑峰会中的一个积极合作者和改革者。③ 整体而言，国外学者多属于前三派，中国国内学者多站

① David Milne, “Pragmatism or what? The future of US foreign policy,” *International Affairs,* Vol. 88, No. 5, 2012, pp. 935-951.

② 洪邮生、方晴：《全球经济治理力量重心的转移：G20 与大国的战略》，《现代国际关系》2012 年第 3 期，第 39 页。

③ 约翰·柯顿：《G20 治理下的未来：成果、展望、预测及中国在其中扮演的角色》，载中国人民大学重阳金融研究院主编：《谁来治理新世界：关于 G20 的现状和未来》，北京：社会科学文献出版社 2014 年版，第 180 页。

在第四派的角度立言著述。新加坡学者李明江可算作"搭便车者"派，认为中国正实施从现行国际体系内部崛起的战略，中国在二十国集团中会采取实用主义策略，既积极参与，又提防承担过多的国际责任。① 中国学者倾向于主张中国应重视二十国集团的作用，积极推动二十国集团的机制化建设、积极参与议题设定、维护发展中国家利益、推动国际经济新秩序建设等。② 上海国际问题研究院院长杨洁勉则提出了中国的二十国集团政策方略：通过二十国集团平台推动国际体系和平转型、展示负责任大国形象和丰富全球经济治理的理念与实践。③ 清华大学学者张严冰等认为，二十国集团给崛起的中国提供了推进国际治理体系和平转型的抓手，中国应努力推动二十国集团的机制化建设。④ 前引张海冰认为，二十国集团推动中国从全球治理的外围走向中心，并催生

---

① Mingjiang Li, "Rising from Within: China's Search for a Multilateral World and Its Implications for Sino-US Relations," *Global Governance*, Vol. 17, No. 3, July-September 2011, pp. 331-351.

② 赵瑾：《G20：新机制、新议题与中国的主张和行动》，《国际经济评论》2010年第5期，第21页；王颖、李计广：《G20与中国》，《现代国际关系》2012年第6期。

③ 杨洁勉：《二十国集团的转型选择和发展前景》，《国际问题研究》2011年第6期。

④ 张严冰、杜胜平：《当前二十国集团的机制化困境及应对之策》，《现代国际关系》2015年第12期。

了中国特色的国际治理观。她指出，中国通过主办2016年二十国集团杭州峰会，推动了二十国集团向长效治理机制的转型，而中国提出以平等作为全球治理的基础，反映了发展中国家的利益诉求。①

具体到对二十国集团框架下中国和美国的研究，直接针对二十国集团框架下的中美关系研究不多。前引澳大利亚学者盖瑞特将美国和中国视为二十国集团内部的"两国集团"，两国双边关系的性质对于该集团的发展具有举足轻重的作用，② 但由于文章发表于二十国集团峰会成立的第三年，未能对中美两国在该集团内的博弈过程及影响进行深入研究。

学界更多的研究集中于中美两国的双边关系。研究者运用不同的研究方法，采取多样的分析视角，著作和论文成果数量可观。举其荦荦大者，曾担任美国前副总统切尼办公室国家安全事务顾问的范亚伦（Aaron Friedberg）透过现实主义视角分析当前的中美关系，得出了中美必将为争夺权力优势地位而走向冲突的结论。③

---

① 张海冰：《全球治理视角下的中国与G20》，《同济大学学报（社会科学版）》2017年第2期。

② Geoffrey Garrett, "G2 in G20: China, the United States and the World after the Global Financial Crisis," *Global Policy*, Vol. 1, No. 1, January 2010.

③ Friedberg, Aaron, *A Contest for Supremacy: China, America, and the Struggle for Mastery in Asia* (New York: W. W. Norton & Company, 2012).

而美国经济学家博格斯滕（C. Fred Bergsten）等和普林斯顿大学政治学教授伊肯伯里（John Ikenberry）则从自由主义和制度主义的视角出发，建议美国应该鼓励中国加入由其主导的国际机制，在向中国转让部分决策权的同时，让中国成为国际体系的维护者。① 约翰·霍普金斯大学中国问题专家兰普顿（David Lampton）亦透过自由主义视角，指出中美之间应该通过增加双边投资、加强政策协调、共同建设双方都参与的国际机制等方式探索建设新型大国关系的途径。② 相比美国学者多倾向于借助某一种理论的演绎，国内学者更多采用综合性的视角和全景式的分析。北京大学国际关系学院教授王勇借助国际政治经济学和贸易政治理论对经济全球化时代中美经贸关系的复杂性进行了细致入微的梳理。③ 复旦大学美国研究中心主任吴心伯教授综合借鉴了国际关系理论的三种研究范式，剖析了新时期中美关系在经贸、安

---

① C. Fred Bergsten, Charles Freeman, Nicholas R. Lardy, and Derek J. Mitchell, *China's Rise: Challenges and Opportunities* (Washington, D. C.: Peterson Institute for International Economics, 2008); John Ikenberry, "The Future of the Liberal Order," *Foreign Affairs*, Vol. 90, No. 3, May/June 2011, pp. 56-68.

② David Lampton, "A New Type of Major-Power Relationship: Seeking a Durable Foundation for U. S.-China Ties," *Asia Policy*, No. 16, 2013.

③ 王勇：《中美经贸关系》，北京：中国市场出版社2007年版。

全、台湾问题、对话机制和危机管理等领域的新变化。① 由孙哲主编的“清华中美关系评论”系列丛书（2010—2014年）则跟踪与记录了近几年中美关系的最新发展，涵盖了当前中美关系合作与冲突的主要方面。

近些年，特别是2010年之后，随着中美两国经济实力的接近，学界对中美关系的悲观看法越来越多，类似危机期间主张“中美共治”或“中美两国集团”② 的声音已经难觅其踪。相反，美国学界主张对中国强硬的声音陡然增加，建议美国政府调整对华接触政策。进攻现实主义国际关系理论的开创者米尔斯海默（John J. Mearsheimer）在2014年《大国政治的悲剧》修订版中重申其中国无法和平崛起的观点，并建议美国与中国的邻国建立军事同盟，阻止中国向外扩张其影响力。③ 范亚伦更是模仿冷战初期乔治·凯南（George Kennan）的手法，将中国比作当时的苏联，在分析了“中国行为的

---

① 吴心伯：《世事如棋局局新——二十一世纪初中美关系的新格局》，上海：复旦大学出版社2011年版。

② Niall Ferguson and Moritz Schularick, “Chimerica and the Global Asset Market Boom,” *International Finance*, Vol. 10, No. 3, 2007; C. Fred Bergsten, “Two's Company,” *Foreign Affairs*, Vol. 88, No. 5, September/October 2009.

③ John J. Mearsheimer, *The Tragedy of Great Power Politics* (Updated Edition) (New York: W. W. Norton & Company, 2014).

根源”之后，公然主张对中国实施遏制政策。① 美国前驻印度大使布拉克韦尔（Robert Blackwill）和卡内基国际和平基金会研究员泰利斯（Ashley J. Tellis）发布报告，认为美国之前对中国的接触政策是一种战略错误，声称中国是今后美国最主要的竞争者，建议美国修改对华战略，集中力量应对中国崛起这一美国最大的战略挑战。② 美国宾夕法尼亚大学中国问题专家林蔚（Arthur Waldron）也发表了类似的观点，建议美国大幅改变其政策，削减美国在全球其他地方的军事承诺，集中对付中国的军事崛起。③

上述的现有研究不仅揭示了新时期中美关系的新气象和新格局，而且也对中美两国各自的二十国集团战略做出了有益的分析，为本书提供了很好的理论参考和背景铺垫。纵观现有研究，国内外学界已经对二十国集团的意义与作用、局限与挑战、改革方向，以及美国和中国的二十国集团政策、中美双边关系等议题进行了相当

---

① Aaron L. Friedberg, "The Sources of Chinese Conduct: Explaining Beijing's Assertiveness," *Washington Quarterly*, Vol. 37, No. 4, Winter 2015, pp. 133-150.

② Robert Blackwill and Ashley J. Tellis, "Revising U. S. Grand Strategy toward China," Council on Foreign Relations, Special Report No. 72, March 2015.

③ Arthur Waldron, "The Asia Mess: How Things Did Not Turn Out as Planned," *Orbis*, Vol. 59, No. 2, Spring 2015, pp. 143-166.

充分的研究。相对而言，对中美两国在二十国集团内的关系的研究还显得非常单薄。本书将在上述现有研究的基础上，把中美关系放在二十国集团的平台上，在一个具体的国际机制内审视中美两国相互合作与竞争的过程，力图对现有研究进行拓展与补充。

第三节 研究思路与框架

首先，本研究关注的是在 2008 年国际金融危机背景下，美国发起和中国参与二十国集团的动机。2008 年国际金融危机爆发后，全球治理进入新阶段。随着国际经济力量逐渐向包括中国在内的新兴大国转移，西方大国借助传统渠道实施全球治理的合法性和有效性日益受到质疑。二十国集团峰会即是在这一背景下出现，成为协调国际经济合作的主要平台。美国方面既有向新兴大国部分出让全球经济治理权力的压力与担忧，又有将新兴大国崛起的影响纳入其主导范围，让其更多地分担提供全球性公共产品的责任的考虑，而中国则有加入二十国集团、提升在国际机制内决策权的动力，同时又有提防过多承担责任的担忧。中美两国之间的动机既有重合，又存在张力。

其次，本研究将比较分析中美两国在二十国集团峰会平台上具体议题领域的主要政策立场。自 2008 年以来，中美两国已通过政府政策文件以及领导人在峰会上的发言等途径在二十国集团平台涵盖的诸如经济复苏与发展、金融管制、国际机制决策权转移、能源安全、发展援助等议题上表明了各自的立场和政策。通过对这些立场与政策的解读，本研究将深入比较中美两国在这些议题上的异同，不仅剖析两国主张和政策各自在纵向上的演进，同时还跟踪两国之间的横向互动与博弈的过程，并以包括经济刺激计划、全球经济失衡、美国量化宽松、国际货币基金组织改革和气候变化等具体的议题为案例，分析中美两国在全球经济治理中的合作与分歧。

最后，本研究还将分析影响中美两国二十国集团政策趋同或趋异的因素。综合运用国际政治经济学理论和国际治理的分析视角，结合中国崛起与国际体系权力转移的现实，透过二十国集团这一新出现的国际经济合作机制，集中考察崛起大国与守成大国之间的互动与博弈，剖析中美两国二十国集团政策趋同或趋异的主要原因，探讨影响双方关系发展的主要变量，从而增强对中美关系发展趋势的预见能力，为双方如何加强相互理解和认同、塑造共同利益、建设两国间的新型大国关系提供启示。

就本研究的框架而言，笔者将从与二十国集团和全球治理相关的理论与分析框架入手，进而分析美国和中国的二十国集团政策以及两国在二十国集团内的合作与分歧。本书各章节的主要内容安排如下。

第一章是绪论，介绍本书的研究意义、国内外现有相关研究成果和文献综述，以及研究思路和研究框架。

第二章的主题是全球经济治理的理论与实践。首先从国际政治经济学（International Political Economy）的视角入手，梳理全球经济治理的概念与理论，再以七国集团为例考察二十国集团之前全球经济治理的实践与挑战，旨在为二十国集团的成立发展与中美两国在二十国集团内的交往建立一个基本的分析框架。

第三章将二十国集团置于历史背景之下考察其缘起、成立与发展。二十国集团成立以来，形成了自身的机制特色，其议题也经历了演变与扩展。二十国集团在应对2008年国际金融危机和后危机时代的全球经济治理中发挥了重要作用，同时也遇到了诸多的问题与挑战。

第四章的主题是美国的二十国集团政策。以制约美国发挥国际治理的国际和国内因素和美国对待国际机制的实用主义立场为视角，考察和分析美国在二十国集团的源起和发展过程中的作用。美国发起二十国集团并将其升级为领导人峰会，根本目的是动员集团成员的力量共同克服金融危机，以此帮助美国重振在全球经济中的领导力，主导国际经济治理的进程。特朗普政府“美国优先”的政策给二十国集团未来的发展投下了阴影。

第五章关注的是中国在二十国集团平台上的主张与行动及其调整变化。首先，从历史的视角考察中国参与国际经济组织的立场和实践。中国参与国际经济治理经历了一个从被排斥到逐渐参与再到积极参与发挥重要影响力的过程。其次，基于中国国家主席在历届二十国集团峰会上的发言解读中国的主张和行动，同时结合国际形势的变化与二十国集团机制化进程的发展，以基础设施建设议题为例分析中国二十国集团政策的调整变化。

第六章主要考察美国和中国在二十国集团内的合作与冲突。首先，简要分析 2008 年国际金融危机爆发以来的中美双边关系，将中美两国在二十国集团内的互动置于两国双边关系和国际政治格局的背景之下。之后，本章选择经济复苏、全球经济失衡和气候变化三个二十国集团的重要议题作为中美两国的互动议题，考察两国合作的空间和限度。

第七章是结论与启示。

第二章

国际政治经济学视角下的全球经济治理

二十国集团作为当前国际经济合作的首要平台，在全球经济治理中发挥着举足轻重的作用。当然，在二十国集团诞生之前，全球经济治理的概念与实践早已出现。二战以后布雷顿森林体系的成立是全球经济合作机制开始运行的标志，包括国际货币基金组织、世界银行、关贸总协定以及联合国等在内的国际组织在国际金融、货币和贸易等领域发挥着治理功能。20 世纪 70 年代初，为了应对汇率危机和石油危机而出现的七国集团成为发达国家间谋求共识和履行承诺的重要平台。但是直到冷战结束前，国际经济合作与治理主要局限于发达国家，其范围尚不具有全球性特征。冷战结束后，全球化与经济一体化的深入发展带动全球经济治理和地区经济治理的兴起，各种全球性和地区性的国际组织或成立或变革，以应对全球化时代经济治理的新需求。

全球化发展带来的变化是原先由发达国家主导的经济治理机制难以有效引领和协调应对全球性的经济和金融问题。随着新兴经济体的群体性崛起，发展中国家参与全球经济合作与治理的意愿、能力以及相应的责任明显增加。1999 年，二十国集团部长级会议召开，意味着由发展中国家正式参与的全球经济治理开始起步。2008 年，为了应对源于美国的国际金融危机，二十国集团首脑峰会召开，全球经济治理进入了新的阶段。

本章首先从国际政治经济学的视角梳理全球经济治理的概念与理论，再以七国集团为例考察二十国集团之前全球经济治理的实践与挑战，旨在为二十国集团的成立发展与中美两国在二十国集团内的交往建立一个基本的分析框架。

第一节　国际政治经济学

国际政治经济学作为国际关系学的一个分支学科产生于 20 世纪 70 年代的欧洲和美国，主要研究国际体系中经济因素与政治因素之间的相互影响与制约的关系。国际政治经济学从古典政治经济学、现代经济学、国际政治和国际关系理论的发展中，获得了重要的思想源泉和理论支持。在美英等西方国家学者的带领下，国际政治经济学创立并逐步发展壮大，成为研究世界范围内政治、经济和社会重大问题的基础性学科。

一、政治与经济的结合

在冷战的早期，即20世纪的五六十年代，国际政治学与国际经济学基本处于相互独立、相互隔离的状态。①但是60年代末和70年代初的一系列重大事件，包括布雷顿森林体系的瓦解、第一次石油危机和跨国公司的崛起与管理困境等，对这种政治和经济学科分离的状态产生重大冲击，因为不论是政治学还是经济学都无法有效解释这些新的现象与问题。正是在这种背景下，国际关系研究中出现了一种将政治学和经济学结合起来解释这些问题的倾向，从而导致国际政治经济学的产生。所以，国际政治经济学起源于对20世纪70年代以来世界经济中出现的一系列新问题的思考，问题解决方式一直是国际政治经济学研究的一个重要途径，“国际政治经济学更多地被学者作为一个关于研究什么（what to study），而不是关于如何研究（how to study）的领域而发展的。

① Michael Mastanduno, "Economics and Security in Statecraft and Scholarship," *International Organization*, Vol. 52, No. 4, Autumn, 1998, pp. 825-854.

国际政治经济学是指一个探究的领域，一些特殊的问题，以及一系列关于国际体系的假设和我们如何理解这个体系，而不是指一种特殊的方法或理论的应用。”①

国际政治经济学者最为关注的是国际舞台上经济因素与政治因素（或者说财富与权力、市场与政府）之间的相互关系。美国学者莱尔森（Thomas D. Lairson）和斯基德莫尔（David Skidmore）于1993年出版的《国际政治经济学：寻求权力与财富的斗争》（International Political Economy：The Struggle for Power and Wealth）一书的副标题即能看出这一学科关注的焦点。② 另一位美国学者罗伯特·吉尔平（Robert Gilpin）作为国际政治经济学的集大成者，在其2001年与吉恩·吉尔平（Jean M. Gilpin）合著的《国际政治经济学：理解国际经济秩序》中指出，经济活动内嵌于一国的政治和社会制度。经济活动的目的最终不仅取决于市场的力量和经济学原理，还取决于经济活动所处的政治和社会制度的价值观与规范。在经济全球化的背景下，经济因素对于全球经济的特点

---

① Craiy N. Murphy, Roger Tooze, eds., The New International political Economy (Boulder, Colo.: Lynne Rienner, 1991), p. 1，转引自王正毅：《国际政治经济学：历史、理论与方法》，《欧洲》2002年第1期，第29页。

② Thomas D. Lairson and David Skidmore, *International Political Economy: The Struggle for Power and Wealth* (New York: Harcourt Brace College Publishers, 1993).

具有重要的塑造作用，但政治因素的影响同样重要，甚至更为重要。全球经济的性质与特点受到国际体系中主要大国的经济与安全利益的重要影响，也受到这些大国间相互关系的重要影响。很难想象，大国会对全球经济产品的分配和经济力量对国家利益的可能影响等重大问题无动于衷，任其由市场力量决定。一言以蔽之，经济效率与国家抱负都是 21 世纪全球经济背后的驱动力量。①

对于经济活动的目的，国际政治经济学家与学院派经济学家迥然不同。在经济学家眼中，经济活动的目的是满足消费者的利益，最大限度、最有效地利用地球上的有限资源。因此，经济学家的使命就是通过研究告诉大众市场在财富制造过程中的运行机制，以及如何让这些市场机制变得更为高效。至于市场机制中制造的财富如何分配这一类的问题则不属于经济学家考虑的范畴，应该留给政治家去处理了。在国际政治经济学家眼中，经济活动的目的更为多元，既可能是满足消费者的需求，也可能是实现某种社会福利目标，抑或可能是增强一国

① Robert Gilpin and Jean M. Gilpin, *International Political Economy: Understanding the International Economic Order* (Princeton and Oxford: Princeton University Press, 2001), p. 12.

相对于别国的国家实力。因此，一国经济活动背后的社会或政治目的与实现这些目的的经济手段是无法割裂开来的。在国际事务中，虽然为了分析的方便，可以将经济事务与政治或安全事务区分开，但是很难在它们之间划分清晰的界限，因为它们你中有我，我中有你，相互转化，相互影响。①

二、国际政治经济学三大理论流派

作为国际关系学的分支学科，当代国际政治经济学的发展从国际关系理论中汲取了理论养分。与国际关系学中的现实主义、自由主义和马克思主义（或全球主义）相对应，国际政治经济学在其发展过程中也出现了三种相应的理论流派或思潮，即自由主义的国际政治经济学、马克思主义的国际政治经济学和现实主义的国际政治经济学。学者王正毅对这三种思潮做了很好的梳理与总结。②

① Robert Gilpin and Jean M. Gilpin, *International Political Economy: Understanding the International Economic Order* (Princeton and Oxford: Princeton University Press, 2001), pp. 22-24.

② 王正毅：《国际政治经济学：历史、理论与方法》，《欧洲》2002 年第 1 期，第 33 页。

（一）自由主义的国际政治经济学

在当代国际政治经济学中，主要有两大流派继承了政治经济学的自由主义传统，这就是相互依存论（interdependence theory）和霸权稳定论（hegemonic stability theory）。自由主义的国际政治经济学者主张推动贸易的发展，使得世界财富获得增长，从而各个国家都受益。他们强调一种最好的经济安排是世界市场，所有其他安排，诸如区域贸易都是次好，区域安排是世界市场的垫脚石而不是绊脚石。按照彻底的自由主义者的观点，变化就是从一种仍然受政治因素左右的不完全世界经济转化成完全的、一体化的和自我调节的世界经济。

（二）马克思主义的国际政治经济学

在当代国际政治经济学中继承马克思主义传统的主要有两大理论——依附论（dependence theory）和世界体系论（world system theory）。这两种理论都假定，在全球的资本主义世界体系中，存在一种结构，这就是核心地区和边缘地区。核心地区是资本积累速度快、技术含量比较高的地区，而边缘地区则是指资本积累速度慢、劳动力密集型的地区。这种结构的存在是资本主义国际体系得以持续的基础，而在核心地区和边缘地区之间存在的“不等价交换”是资本主义国际体系得以延续的动力。在这种体系和结构中，发展中国家的发展只能是一种依附性的发展。

（三）现实主义的国际政治经济学

在当代国际政治经济学中继承重商主义传统并对其加以修正的理论主要是国家主义理论（statist theory），或称新重商主义（neo-mercantilism），或称经济现实主义（economic realism）。这种理论主要吸收了当代国际关系研究中的新现实主义（neo-realism）的观点，不但重视国家因素，而且重视非国家因素；不但重视军事力量，而且重视非军事力量。现实主义国际政治经济学特别关注国家体系以及国际政治关系在世界经济组织中的作用。由于现实主义流派采取了折中的和实用的方式来研究国际政治经济学，使得它成为当代国际政治经济学发展中最有活力的核心部分，而且也是三种传统中最为模糊的。罗伯特·吉尔平的以国家为中心的（state-centric）国际政治经济学即是这一派的主要代表。罗伯特·吉尔平承认国际机制对促进国际合作的重要作用，但强调国家尤其是大国及大国间关系对国际机制的决定性影响，认为国际机制和组织并不是独立的存在，不能脱离于大国间实力竞争，它们是国际政治斗争的一部分。①

三、国际政治经济学的三种研究方法

国际政治经济学界通行的主要有三种研究方法——经济和社会历史方法、国际机制分析方法和公共选择方法。

经济和社会历史方法主要是通过对经济和社会历史的研究，进而从制度变迁的角度对社会革命、霸权国家的兴衰、战争以及不平等发展等进行研究。比如世界体系论和霸权稳定论主要是依据这种方法来探讨国际体系不平等的根源以及国际体系稳定的基础。

国际机制分析方法主要来源于自由主义理论，但也被融入其他理论体系中，特别是新现实主义中，因而成为国际政治经济学中应用非常广泛的一种方法。无论是倾向于自由主义，还是倾向于现实主义，一般都把机制定义为一个体系内限制、规范并且使其参与者的行为合法化的一系列规则、规定、章程或者程序，离开这些规则、规定、章程或者程序，其参与者的行为就被这个体

① Robert Gilpin and Jean M. Gilpin, *International Political Economy: Understanding the International Economic Order* (Princeton and Oxford: Princeton University Press, 2001), pp. 92-93.

系内的其他参与者看作不合法的。自由主义者将之用来分析诸如殖民主义、食物、国际经济机制、国际贸易机制的变化、国际石油机制的变化、国际货币机制的变化、霸权稳定以及相互依存，而现实主义则将之用来分析第三世界对国际机制转化的要求。

与国际机制分析方法一样，公共选择方法也主要来源于自由主义理论，试图用新古典经济学的分析工具来分析政治过程，力图将“理性人”或“经济人”① 的范式扩展到政治问题的研究中。认为在国际体系中国家是分析的基本单位和逻辑起点，国家对刺激所做出的反应是理性的，而国家的行为可以通过分析其所面临的约束条件的变化来解释。公共选择方法主要被应用于公共物品分析、联盟和“搭便车”现象、政治经济模型、关税和贸易限制、国际组织研究等问题和领域。②

---

① “理性人”“经济人”或“理性—经济人”是西方经济学中最基本的前提假设，这一假设认为人是自利和理性的：每个人从事经济活动都是力图以最小的代价去获得最大的经济利益，而且每个人都能够对其所面临的一切机会和目标及实现目标的手段进行优化选择。

② 王正毅：《国际政治经济学：历史、理论与方法》，《欧洲》2002 年第 1 期，第 33—37 页。

第二节　全球经济治理：概念与模型

正如经济全球化是全球化重要组成部分，全球经济治理和全球治理是不可分割的，全球经济治理是全球治理的主体和核心内容。在讨论全球经济治理之前，有必要先对全球治理的概念和理论进行阐释与说明。

一、全球治理与全球经济治理

和其他理论一样，全球治理的理论来源于全球治理的实践，这种实践主要体现为国际体系中的国家尤其是大国尝试建立国际秩序、解决全球问题的集体行动。国际治理与协调研究的兴起既是人类深刻反思历史经验教训的结果，也反映了经济一体化蓬勃发展的国际现实。根据广东外语外贸大学教授陈伟光的论述，第一次世界大战结束时美国总统威尔逊提出的“十四点”和平计划，倡议建立新的国际秩序，可以认为是全球治理思想的最早实践。真正意义上的全球治理出现在第二次世界大战之后。伴随着全球经济的融合，全球性问题如全球金融危机、全球债务危机、国际恐怖主义活动、全球气候变化、全球公共卫生危机、全球能源危机等也日益增多，对传统主权国家的单边治理能力挑战的加剧，全球治理的概念孕育而生。①

学者张宇燕将全球治理的内涵定义为：“在没有世界政府的情况下，国家（也包括非国家行为体）通过谈判协商，权衡各自利益，为解决各种全球性问题而建立的自我实施性质的国际规则或机制的总和。全球治理的内涵，主要体现为平等、民主、合作、责任和规则五个关键词。”② 其中平等是全球治理的基础，民主是全球治理的价值理念，合作是全球治理的主要实现途径，责任是全球治理的核心内容，规则是全球治理的主要表现形式。③

具体到全球治理中的全球经济治理，顾名思义主要是对全球问题中的经济问题的治理。全球治理和全球经济治理是对应于全球化和经济全球化的两个概念和术语。全球经济治理是全球治理的主体和核心内容，但又不是全球治理的全部，全球治理除了在经济领域的合作、协调外，还要共同处理诸如环境、能源、恐怖主义、跨国

① 陈伟光：《全球治理与全球经济治理：若干问题的思考》，《教学与研究》2014 年第 2 期，第 54 页。

② 张宇燕：《全球治理的中国视角》，《世界经济与政治》2016 年第 9 期，第 5 页。

③ 张宇燕：《全球治理的中国视角》，《世界经济与政治》2016 年第 9 期，第 1—6 页。

犯罪等各个领域的全球问题。

当然，由于经济现象渗透到人类社会生活的各个领域，要严格而又清晰地为全球经济治理划出边界是困难的。诸如上述如环境、气候、能源、恐怖主义、跨国犯罪等全球性问题都具有跨界性质，不仅是国际政治、安全、国际法等层面的问题，也与经济相关。比如气候环境问题中的碳排放交易、能源贸易、国际恐怖主义背后的金融资助、毒品和人口贩卖等跨国犯罪问题都具有经济议题的性质。正因为如此，一些政治精英和学者在各种场合，比如国际论坛或者学术刊物上，很少对全球治理和全球经济治理的概念作严格区分，甚至在同一场合同一语境交替使用。

二、全球经济治理的概念

根据罗伯特·吉尔平和吉恩·吉尔平在其 2001 年出版的经典著作《国际政治经济学：理解国际经济秩序》中的描述，最早对全球经济治理的必要性进行阐述的是美国学者理查德·库珀（Richard N. Cooper）。在其 1968 年的开创性著作《相互依赖的经济学：大西洋共同体的经济政策》（The Economics of Interdependence：Economic Policy in the Atlantic Community）中，库珀指出，战后世界经济面临的最严重的问题是全球经济与技术领域的融合趋势与国际政治领域持续的分散状态之间愈演愈烈的冲突。一方面，国家间的贸易、投资和金融活动使得全球经济越来越融合，相互依赖程度越来越高；另一方面，民族国家通过实施贸易保护、补贴和产业政策等手段抵制全球经济不断融合的趋势。经济融合与政治分散之间的紧张关系导致了全球经济不稳定，并威胁到了全球经济的开放性与效率。对于如何解决全球经济与政治之间的冲突，库珀虽然对国家是否会为了全球经济的良好运行而牺牲自身的国家主权和经济政策自主性持有疑虑，但他的提议是开展某种形式的全球经济的国际治理。①

1968 年，在库珀提出对全球经济进行更好地治理的时候，所谓的全球经济尚局限于西欧、北美以及日本，主要的机制是布雷顿森林体系内的三大正式的国际机制。后来经济全球化的发展将经济融合的范围扩展至了东亚、拉美及其他地区，而冷战结束后经济融合的力量则触及了全球的每个角落，世界进入了真正意义上的全球化时代。然而，随着全球化范围的扩大，全球经济融合的趋

① Richard Cooper, *The Economics of Interdependence: Economic Policy in the Atlantic Community* (New York: McGraw-Hill, 1968)，转引自 Robert Gilpin and Jean M. Gilpin, *International Political Economy: Understanding the International Economic Order* (Princeton and Oxford: Princeton University Press, 2001), p. 377。

势与政治分散状态之间的矛盾愈发凸显。如果说冷战时期西欧、北美和日本之间的政治紧张还只是发达国家之间对不同的经济发展模式的内部冲突，那么，随着更多发展中国家参与全球化的进程，随着国际组织、跨国公司、非政府组织以及有影响力的个人与民族国家一起成为全球经济活动与全球经济治理中的重要行为体，各国对全球经济进行治理的需求也愈发强烈。

对全球经济治理不断增长的需求带动了学界对经济治理的关注。国外学术界而言，美国学者詹姆斯·罗西瑙（James N. Rosenau）等主编的《没有政府的治理：世界政治的秩序与变化》（Governance without Government: Order and Change in World Politics, 1992）① 以及芬兰学者万里尼（Raimo V. Vayrynen）主编的《全球化与全球治理》（Globalization and Global Governance, 1999）② 都是早期以全球经济治理为主题的重要著作。中国学者也为全球经济治理提供了中国的视角。在吸收与总结前人研究的基础上，陈伟光对全球经济治理的概念进行了清晰的阐释，包括治理目标、治理主体、治理对象和治理

① James N. Rosenau and Ernst O. Czempiel, *Governance without Government: Order and Change in World Politics* (Cambridge: Cambridge University Press, 1992).

② Raimo V. Vayrynen ed., *Globalization and Global Governance* (Lanham, Md.: Rowman & Littlefield Publishers, 1999).

内容等方面。全球经济治理致力的目标是维护经济安全稳定、保持经济持续发展和收入公平从而共同塑造全球经济秩序。从一定意义来说，全球经济治理是对全球化市场经济运行的一种管理，是对市场经济失灵的一种调节以及经济运行结果不公平的一种合理纠正，是政府干预、调节和规制国内经济在全球范围内的扩展。

从治理主体来看，全球经济治理的主体包括民族国家、国际组织、非政府组织和跨国公司等。在“没有政府的治理”条件下，全球经济治理的执行主体更强调各国政府的共治，特别是带有超越主权意义的正式国际组织（国际货币基金组织、世界贸易组织、世界银行）以及各种全球性和区域性的合作平台（如二十国集团峰会、金砖国家峰会等）。非政府组织也在全球经济治理中发挥重要作用，但其领域还仅集中在那些主权国家不能完全顾及的领域，如环境、人权、贫困、救济、毒品、艾滋病等领域。在全球经济领域，非政府组织一般难以形成权威性治理决策，其作用主要是对决策过程产生影响。跨国公司是全球经济市场运行主体，企业的社会责任赋予它具有一定的“善治”职能，跨国公司在全球价值链的外部治理过程中也需要考虑跨国的利益相关者关系，但作为本身利益的追求者甚至是部分全球问题的

“制造者”，无法超然地行使宏观经济调控等公益性目标。

从治理对象和治理内容来看，全球性的经济问题都是全球经济治理涉及的范围，其任务主要是在经济全球化的条件下维护全球经济的稳定、均衡和公平，纠正全球经济的失衡和缩小全球收入差距。具体来讲，全球经济治理的内容主要包括：一是全球宏观经济的治理。针对供求市场全球化与全球市场统一管理主体缺位的矛盾，需要完善全球货币体系，建立各国财政政策、货币政策和汇率政策的合作和协调机制，以解决宏观经济政策分化的问题，达到维护全球经济的稳定和发展、减少全球经济的波动、预防危机的发生或在危机出现时共同“救市”的目标。二是全球金融治理。源于金融市场的一体化、金融全球化与全球金融监管不力的矛盾，需要构建金融市场和金融机构监管的全球合作和协调机制，防范和处置金融体系风险。三是全球贸易治理。针对产业关联纵深发展带来的贸易全球化与全球贸易共同管理不足的矛盾，要建立多边贸易体制推进贸易自由化，以调解和处理贸易纠纷。四是全球产业治理。针对生产网络的全球分布和全球价值链的形成，需要建立基于协调的校正机制运作的制度治理系统，需要各国产业政策和全球价值链治理过程中的合作与协调。五是全球会计治理。针对全球经济一体化与全球会计制度非同一性的矛盾，需要由政府、非政府组织、私人企业及社会团体等为解决全球性的会计问题而形成对话、协商机制。其核心问题是会计准则的国际协调与趋同，以形成高质量的、单一的会计标准，建立全球范围内被普遍认可并执行的高质量财务报告准则体系。六是贫困治理。针对全球化带来的总体经济增长与全球经济的不平等加剧的矛盾，需要加强和完善以收入公平为目标以减贫、脱贫为主体内容的国际多边合作协调机制，缩小穷国和富国以及南北发展差距。①

三、全球经济治理的模型

全球经济治理的理论经历了一个发展的过程，在 20 世纪 90 年代基本成型。美国学者安妮-玛丽·斯洛特（Anne-Marie Slaughter）以参与国际经济治理的不同主体为标准，将国际经济治理理论分为三个流派，或者说三种国际经济治理的模型——新制度主义（neo-liberal institutionalism）、新中世纪主义（new medievalism）和跨

① 参见陈伟光：《全球治理与全球经济治理：若干问题的思考》，《教学与研究》2014 年第 2 期，第 54—55 页。

政府主义（transgovernmentalism）。[①] 新制度主义秉持国家中心主义，承认民族国家在国际机制中的重要作用，但相信正式的国际机制和组织的必要性，认为国际组织可以促进国家间的合作。新中世纪主义认为国家已经不是国际经济治理的主要行为体，全球化与技术进步消解了国家主权，稀释了国家权力，取而代之的是由各类非政府行为体构成的全球公民社会。跨政府主义和新制度主义一样，接受国家在全球经济治理中的重要作用，但与新制度主义不同的是，认为国家的治理功能不是来自集权的全国政府，而是分解为主管具体功能领域的各个政府部门。

经历近20年后，现实存在的全球治理并没有按照理论预期的那样运行，随着全球化带来的负面效应的凸显，全球治理暴露出来的问题似乎更加明显。正式或非正式的国际组织也好，全球非政府组织也好，负责具体议题领域国际合作的各政府机构也好，都未能有效处理这些全球治理问题。相对而言新制度主义，由于其国家中心主义的立场，更具生命力。本书研究的主题是美国和中国在二十国集团这一全球经济治理机制内的合作与冲突，

① Anne-Marie Slaughter, "The Real New World Order," *Foreign Affairs*, Vol. 76, No. 5, September/October 1997, pp. 183-197.

关注的国家行为体特别是大国在国际机制中的作用与互动，因此，持国家中心主义立场的新制度主义国际经济治理模型与此更为相关。此处将对这一国际经济治理的模型及其遇到的挑战做一些展开介绍。

对于国家在国际事务中的作用问题，新制度主义国际经济治理模型与现实主义一脉相承，承认国家的重要作用，但同时认为国家在国际经济事务中寻求合作，更关心绝对收益，而不是相对收益。新制度主义讨论了国际体系无政府状态下合作的可能和条件，同时也强调国际制度对国际行为体，尤其是国家的国际行为的影响和制约作用。国家通过建立国际机制或国际组织可以较好地应对全球经济一体化带来的挑战。而且，如果现存的国际机制如果无力应对，可以改革这些机制或者另起炉灶，成立新的国际机制应对新的国际问题。对于现有国际机制进行大幅改革以适应新形势新要求的经典案例是1995年世界贸易组织（WTO）成立，代替其前身关贸总协定（GATT）；相比于关贸总协定，世界贸易组织被赋予了世界贸易事务上更大的权力，也获得了更多的资源。

新制度主义模型所推崇的国际经济机制在全球经济治理中确实取得了重大的成功，国际货币基金组织、世界银行和关贸总协定/世界贸易组织等在很大程度上结束了之前国际金融领域的混乱局面，扩大了全球贸易，促进了各国乃至全球经济的发展。当然，新制度主义国际经济治理模型也有其局限性，一直备受有效性与合法性的困扰，主要包括对现有国际机制的改革由于来自很多国家和强大利益集团的反对而显得极其困难，国际经济机制中的成员违约行为相当普遍。此外，国际机制还遭遇“民主赤字”和机制内成员权力分配问题的困扰。①

第三节　全球经济治理：体系与实践

全球经济治理体系形成于二战之后，传统的国际经济治理机制主要包括布雷顿森林体系下的世界银行、国际货币基金组织、关贸总协定/世界贸易组织等国际组织，以及后来出现的七国集团、八国集团和陆续成立的各种地区性贸易与金融安排和组织，它们既各司其职又相互联系。

一、全球经济治理体系

全球经济治理体系是针对全球范围内贸易、投资、

① Robert Gilpin and Jean M. Gilpin, *International Political Economy: Understanding the International Economic Order* (Princeton and Oxford: Princeton University Press, 2001), pp. 379-390.

金融等经济活动而形成的国际规则和国际组织构成的治理系统。国际经济治理体系具有多元的治理主体。首先，与新制度主义所描述的一致，政府和政府间国际组织一直在国际经济治理中居于主导地位，同时跨国公司、非政府组织也发挥着不可忽视的作用。其次，国际经济治理机制的强制性普遍较弱。全球经济治理体系中不存在具有强制执行力的世界政府，而是以沟通、协调、磋商、谈判为运作方式，主要依靠各参与主体的合作来实现治理目标。最后，国际经济治理体系具有演进性，其背后的原因既有国际机制自身由简到繁的发展逻辑，又有经济一体化进程中出现的新议题和新挑战带来的对治理体制的改革需要，还有国际体系内国家间力量对比变化而产生的对机制变革的要求。

在第二次世界大战后全球经济治理体系的发展过程中，开放合作是当今全球经济治理体系的基调，贸易投资自由化、便利化是其基本价值取向。这反映了当今时代生产力发展的内在要求，有利于全球资源配置效率的提高，促进了经济全球化深入发展，对世界的繁荣发展和和平发挥了积极作用。①

二、国际经济治理机制：正式与非正式

国际机制和国际组织可以分为正式与非正式两种，其依据是国际机制成员在机制中所做承诺的属性。美国学者肯尼思·艾伯特（Kenneth Abbott）和罗伯特·基欧汉（Robert Keohane）等从义务性、授权性和精确性三个方面衡量国际机制中承诺的属性。如果在国际机制中做出的承诺具有国际法上的义务性和法律约束力，将执行承诺的权力授权给国际机制本身，承诺又清晰明确，那么这样的国际机制就是正式机制，反之则是非正式机制。如果三个条件无法同时具备，只要具备其中两个条件就可以，但义务性是必要条件，不能缺少。②

举例来说，联合国和七国集团就是正式与非正式国际机制的代表。联合国以《联合国宪章》等正式国际条约为基础，拥有常设秘书处和管理机构，其达成的国际协议具有法律约束力；七国集团没有建立在国际条约基

---

① 隆国强：《全球经济治理体系变革的历史逻辑与中国作用》，人民网—人民日报，2017 年 8 月 28 日，http://finance.people.com.cn/n1/2017/0828/c1004-29497447.html。（2017 年 12 月 5 日登录）

② Kenneth W. Abbott, Robert O. Keohane, Andrew Moravcsik, Anne-Marie Slaughter, and Duncan Snidal, "The Concept of Legalization," *International Organization*, Vol. 54, No. 3, Summer 2000, pp. 401-419.

础之上，主席轮换制，没有常设秘书处和管理机构，峰会声明中的承诺也没有国际法意义上的约束力。具体到国际治理体系，布雷顿森林体系下的世界银行、国际货币基金组织、关贸总协定/世界贸易组织等都是正式的机制，而七国集团、二十国集团、亚太经合组织、金砖国家会议等都是非正式机制。

相比于正式机制，非正式机制更有利于成员之间达成共识。究其原因，首先在于非正式机制对成员国没有法律约束力。成员国在危机时期达成协议或共识之后，由于其非正式性，不需要经过各国国内立法机关的批准，因此，可以绕开国内的政治阻挠。其次在于非正式机制的灵活性。当外部环境发生变化时，非正式机制更容易修改原先达成的协议，也更容易形成新的共识，达成新的协议。[①]

三、二十国集团之前全球经济治理的实践及挑战

在二十国集团成立之前，行使国际经济治理功能的国际机制主要包括布雷顿森林体系和后来出现的七国集团、八国集团以及各种地区性的贸易与金融安排和组织。

---

① 具体分析参见 Charles Lipson, "Why Are Some International Agreements Informal?" *International Organization*, Vol. 45, No. 4, 1991, pp. 495-538。

这些国际机制和组织在诞生之初就受到诸多问题的困扰，其中最突出的是合法性和有效性问题。而且，随着国际经济格局的不断演变，这些困扰变得愈发严重。

（一）布雷顿森林体系

1944 年第二次世界大战结束前夕召开的布雷顿森林会议达成了一系列协议，标志着真正意义上的国际经济治理与协调的开始。鉴于对两次世界大战与两次大战之间的经济大萧条的深刻反思，国际社会在美国的领导和主导下建立了战后国际经济治理的基本框架。国际货币基金组织、世界银行和关贸总协定三大正式国际机制成立，在国际经济、金融、货币、贸易等领域协调安排成员国之间的政策，发挥国际经济治理的作用。此时的国际经济治理以这些正式的国际组织为主，主要采取规则性协调的方式。鉴于美国在战后绝对的物质权力优势，美国在这些机制中居于绝对的支配地位。这些正式机制的建立以及美国的主导地位正是“霸权稳定论”的一个重要案例。

（二）七国集团

七国集团出现于 20 世纪 70 年代，最早法国、西德、日本、英国和美国成立了非正式的五国集团，之后意大利加入，五国集团变为六国集团，1975 年召开第一次峰会。1976 年第二次峰会，加拿大加入，六国集团变成七国集团。1998 年，俄罗斯成为正式成员国，七国集团成为八国集团。2014 年，乌克兰危机爆发，克里米亚公投后并入俄罗斯，八国集团的其他成员国因此冻结了俄罗斯的成员资格，八国集团重又恢复为七国集团。

七国集团产生于危机，其成立的背景是发生在 70 年代初的一系列对世界经济体系造成重大冲击的事件，包括以美元与黄金挂钩、其他国家货币与美元挂钩的固定利率为基础的布雷顿森林体系崩溃、第一次石油危机引发的油价不断上涨和 1974 年发达国家通货膨胀和失业率攀升等。面临这些冲击，西方国家内部分歧严重，布雷顿森林体系的两大国际经济组织国际货币基金组织和世界银行又无法充分应对挑战。西方国家意识到了协调采取行动的重要性，七国集团应运而生。

七国集团与其他正式建立在政府间国际条约基础之上、拥有常设秘书处的国际组织不同，一直保持了非正式和无管理机构的特征。这使得其成员国领导人之间可以发展良好的私人关系，相互熟悉彼此国内的政治经济状况与压力。当然，经过多年的发展演变，七国集团已成为一个庞大的多层级的会议体系，构成了一个金字塔状的层级结构。一年一度的领导人峰会位于整个集团体系的顶点，是金字塔的第一层。第二层级是议题日益广泛、影响力日益增强的各种部长级会议，从最初的财长会议和外长会议，到后来陆续跟进的发展部长会议、教育部长会议、劳工和就业部长会议、能源部长会议、环境部长会议、信息部长会议、卫生部长会议、司法部长会议、科技部长会议和贸易部长会议，有些经常性召开，有些针对特定问题召开。七国集团体系的第三层级是峰会事务协调人会议，每年召开四次到五次，主要负责筹备峰会及峰会承诺的落实。第四层级是各式各样的任务小组、工作组和专家组网络，重要的包括“非洲伙伴关系论坛”“化学行动特别工作组”“反恐专家组”“金融犯罪专家组”“金融稳定论坛”和“可再生能源任务小组”。①

就七国集团的议题和议题设置而言，峰会主办国领导人在确定峰会议题中享有特权，即使在议程确定后，也可以修改、添加或删除某些议题。特定的重要议题可以连续多年成为峰会的议题，因此，议题的连续性也是峰会议程设置的特点。考察七国集团峰会议程的演变，

① 吕有志、查君红：《G7/G8 角色转型与全球治理》，《现代国际关系》2001 年第 12 期；［加拿大］彼得·哈吉纳尔：《八国集团体系与二十国集团：演讲、角色与文献》（朱杰进译），上海：上海人民出版社 2010 年版，第 102 页。

最初，1976—1981 年，议题的重点是经济和金融问题；1982—1988 年，政治、安全和其他非经济议题在七国集团峰会上变得越来越重要；冷战结束后，全球性、跨国性议题大量出现，包括民主化问题、环境问题、毒品问题和恐怖主义问题等。[①] 此外，峰会召开之前或峰会期间发生的重大突发性事件，也会影响峰会议程的设置。可见，七国集团峰会的议题设置既反映当时全球经济和政治形势的发展和挑战，又反映主办国领导人关切的优先事项。

七国集团经过多年的演变，虽然其表现并不总是很稳定，但在经济、政治、安全、环境、卫生等全球治理的各个领域发挥了重要作用。总体而言，七国集团的作用包括协商、导向、决策与全球治理、国内政治管理等方面。[②] 长期致力于七国集团、八国集团和二十国集团研究的加拿大学者约翰·柯顿（John Kirton）对七国集

① Nicholas Bayne, *Staying Together: The G8 Summit Confronts the 21st Century*(Aldershot: Ashgate, 2005) , p. 7, p. 18; Peter Hajnal and John Kirton, "The Evolving Role and Agenda of the G7/G8: A North American Perspective," *NIRA Review*, Vol. 7, No. 2, 2000, pp. 5-10.

② John Kirton, "The Diplomacy of Concert: Canada, the G7 and the Halifax Summit, "*Canadian Foreign Policy*, Vol. 3, No. 1, 1995, pp. 63-80; Nicholas Bayne, *Staying Together: The G8 Summit Confronts the 21st Century* (Aldershot: Ashgate, 2005) , p. 213.

团在全球治理中的重要作用做了如下表述："七国集团成为全球治理的效率中心，有力补充了联合国机制，也补充了大西洋联盟的不足，成为国际体系中大国谋求共识和履行承诺的重要平台。"①

七国集团在国际治理领域的成果可以归因为以下几个因素：首先，成员国在国际体系中明显的实力优势。七大国所拥有的经济实力、军事实力和政治影响力使其在很长时间内可以较为有效地施展国际治理的功能。其次，成员国同为发达国家成员，经济发展程度、政治制度、价值理念等较为一致，是一个享有共同世界观的小范围国家俱乐部。建立在共同理念之上的共同利益保证了成员国之间的身份认同，便于立场的协调与共识的达成。② 最后，七国集团的非正式性也是其得以成功的重要因素。峰会的非正式性和灵活性使得成员国领导人能够不受既定规则或章程的束缚，自由、秘密地交流看法，协调国际和国内两种力量，行使集体管理的职能。

当然，自成立以来，七国集团与其他国际组织一样

---

① 转引自［加拿大］彼得·哈吉纳尔：《八国集团体系与二十国集团：演讲、角色与文献》（朱杰进译），上海：上海人民出版社2010年版，第4—5页。

② Andrew Baker, "The G7 as a Global ' Ginger Group' : Plurilateralism and Four-Dimensional Diplomacy, "*Global Governance*, Vol. 6, No. 2, 2000, pp. 165-189.

一直也受到诸多问题的困扰，其中最突出的是有效性和合法性问题。合法性涉及的是七国集团的“民主赤字”问题，其成员国在国际体系中的代表性严重不足。就有效性而言，如上文所述，七国集团在为七个成员国之间协调政策、达成共识方面取得了相对于其他正式国际治理机制所无法取得的成效。但是如果细看七国峰会的成效，其有效性仍然有很大的问题。对于峰会成效的评估，主要可以用两种方法来衡量。一种方法考察领导人在峰会上所取得的合作成果，另一种方法测量峰会上领导人达成的承诺数量及承诺遵守状况。就峰会合作成果而言，70 年代的最初几次峰会成果最为丰硕，80 年代成果最少，90 年代峰会成果又有所增长。[①] 就遵约情况看，1975—1989 年，15 次七国集团峰会上达成了 209 项承诺，但这些承诺得到兑现的只有四分之一到二分之一。其中各个国家遵守峰会承诺的情况差异巨大，英国和加拿大的遵约状况明显好于美国和法国；在不同问题领域的遵约情况同样有很大差异，贸易和能源议题明显好于

① Nicholas Bayne, *Staying Together: The G8 Summit Confronts the 21st Century*(Aldershot: Ashgate, 2005), pp. 12-15.

利率和汇率问题。[1]

（三）全球经济治理的新挑战

美国国际机制领域的权威学者斯蒂芬·克拉斯纳（Stephen D. Krasner）在讨论国际机制的作用和内部张力时指出，当一个国际机制初创之际，当时国际体系内的国家权力分布与该机制内投票权和话语权的分配特点基本一致，因为大国创建国际机制的目的就是要促进自身的利益。但是，国家间的权力分布与国际机制内的规则之间具有一种固有的紧张关系，前者是动态的，受国家间“不平衡发展规律”[2]的支配，而后者相对静态，一旦制订变化缓慢，改革起来也十分困难。随着时间的变化，两者之间的不一致性会越来越大。克拉斯纳以地壳板块作为意象来形容两者之间的关系。随着国家间实力分布的变化，两个板块之间的张力不断增强，日积月累最终压力释放，发生地震，接下来是新的一轮

---

① George Von Furstenberg and Joseph Daniels, “Policy Undertakings by the Seven Summit Countries: Ascertaining the Degree of Compliance,” Carnegie-Rochester Conference Series on Public Policy 35, 1991, pp. 267-308.

② Robert Gilpin, *War and Change in World Politics* (Cambridge: Cambridge University Press, 1981).

“平衡—压力积聚—压力释放”的过程。①

进入21世纪以来，随着国际经济格局的深刻变化，现有全球经济治理体系内部的张力日益增长。新兴市场国家和一大批发展中国家快速发展，在国际贸易和投资以及整个全球经济中所占的比重大幅上升。特别是2008年国际金融危机爆发以来，发展中国家贡献了约80%的全球经济增量。在这一背景下，全球经济力量的对比发生了重大变化。然而，原有包括国际货币基金组织、世界银行、世界贸易组织和七国集团等全球性经济治理机制大多创建于冷战初期或中期，其权力结构以及内部的投票权、话语权分配等反映的是几十年前的状况，无法充分反映国际力量对比的这一巨大变化。增加发展中国家在全球经济治理体系中的投票权和话语权，推动全球经济治理体系更加民主化，切实反映国际经济格局的深刻变化，正在成为国际社会的共识。

除了愈演愈烈的合法性危机外，现有全球经济治理体系的有效性也受到越来越大的质疑。全球经济治理体系存在的碎片化与低效率问题，在21世纪经济一体化的

① Stephen D. Krasner, “Regimes and the Limits of Realism: Regimes as Autonomous variables,” in Stephen D Krasner, ed., *International Regimes* (Beijing: Peking University Press, 2005), p. 357.

背景下被放大，已经难以有效应对国际经济面临的新问题。经过数十年的演进，全球经济治理体系中区域贸易安排纵横交错，加剧了治理体系的碎片化，降低了治理体系的效率和各国经济政策的协调性。此外，在新一轮全球经济治理规则调整中，大国之间的博弈越来越集中于规则制定权的争夺。由于多边治理进程受阻，全球主要大国主导推动了一系列的区域和双边经济一体化倡议，力图打造全球经济治理规则的升级版，弥补现有全球经济治理体系的不足。这带来的直接后果之一，便是全球经济治理规则碎片化愈发严重。不同标准的新规则既成为全球经济治理规则体系重构的组成部分，也预示着未来全球经济治理规则体系还将面临更系统、协调难度更大的整合。

正是在这样的背景下，包括了全球主要发达国家与发展中国家经济体的二十国集团应运而生，承担起了新时期新环境国际经济治理的任务，在最大程度上缓解全球经济治理体系合法性和有效性的困扰。这是下一章将要论述的内容。

第三章

二十国集团机制

作为当前国际经济合作的主要平台，二十国集团在全球经济治理中发挥着重要的作用。在二十国集团发展演进的背后，一方面是伴随新兴经济国家的崛起国际经济力量对比的变化，另一方面是原有国际经济治理体系改革的停滞不前，应对全球经济问题愈发无力。前文所述的国家力量对比板块与国际机制内部权力分配板块之间的张力不断积聚。1997 年爆发的亚洲金融危机成为二十国集团机制诞生的导火线。国际社会为了应对此次危机，做了多种尝试，或者通过国际货币基金组织等传统的正式机制提供紧急救援，也尝试了“马尼拉框架小组”、二十二国集团、三十三国集团等地区性和全球性的临时性会议和机构商讨危机的应对之策，最后形成了要成立一个稳定的、永久性的、在有效性和代表性之间取得较好平衡的全球经济协调机制的共识。经过两年的摸索试探，到1999年，一个有固定成员、非正式的二十国集团（G20）诞生了。

1999年二十国集团部长级会议的召开是上述不断积聚的板块张力的一种缓解和释放。待到2008年二十国集团升格为领导人峰会，张力进一步释放。为了回应新兴经济体参与全球经济治理改革的要求，更好地应对全球化时代的新问题，在七国集团国家的主导下，一个新兴经济体与发达经济体可以就国际经济问题平等对话协商的治理平台成立了。二十国集团成立以来，形成了自身的机制特色，在应对2008年国际金融危机和之后的全球经济治理中发挥了重要作用，同时也遇到了诸多的问题与挑战。本章将二十国集团置于历史背景之下考察其缘起、成立与发展，分析其机制特点与议题演变，最后论述二十国集团在国际经济治理中的作用和遭遇的挑战。

第一节　诞生与发展

二十国集团是经济全球化时代全球危机的产物，1997—1998年亚洲金融危机导致了二十国集团的诞生，2008年国际危机又促成了它的升级。二十国集团的诞生和发展所体现的是国际经济力量对比的变化，迎合了国际社会对更为平等、更具代表性的全球经济治理形式的需求，在机制设计和建设上体现了效率和代表性的平衡。

一、缘起

七国集团和二十国集团研究的权威、加拿大学者约翰·柯顿在其2013年论述二十国集团的专著中，对该集团财长和央行行长会议的诞生简化为以下几个阶段：（1）1988年七国集团多伦多峰会承认了亚太地区新兴工业化经济体日渐重要的地位；（2）1989年亚太经合组织会议在财长与外长层面创建；（3）1998年，国际货币基金组织“新借款协定”（New Arrangement to Borrow, NAB）正式生效，为26个成员政府提供紧急信贷额度；（4）1998年，二十二国集团成立；（5）1999年，二十二国集团扩充为三十三国集团；（6）1999年，七国集团财长召开金融稳定论坛（FSF）；（7）1999年，由24个国际货币基金组织成员国政府组成的国际货币与金融委员会（IMFC）成立，当年召开的八国集团科隆峰会对此表示欢迎；（8）1999年12月，首届二十国集团财长和央行行长会议召开。① 纵观二十国集团诞生的过程，主

① John Kirton, *G20 Governance for a Globalized World* (Farnham: Ashgate, 2013), pp. 58-63.

要是两股力量汇聚的结果。一股力量是发展中国家对原有国际经济治理机制的日渐不满和对更有效、更具代表性的新机制的需求，另一股力量是主导原有国际经济治理机制的发达国家越来越意识到了这些不满和需求，并开始了新机制的设想与尝试。

在二十国集团成立以前，国际经济治理的基石包括国际货币基金组织、世界银行和世界贸易组织这三大正式的国际经济组织和七国集团、八国集团这一非正式的机制。这些机制由美国为首的发达经济体主导，不管是议程的设置还是决议的制定，发达国家乾纲独断，发展中国家虽然或者以成员国的身份或者以被邀请国的地位参与这些国际机制，实际上常常处于“被治理”的尴尬地位。

之所以 20 世纪 90 年代末的亚洲金融危机成为二十国集团的发端，一个重要原因就是原有国际经济组织应对危机时的不良表现。以国际货币基金组织组织为例，其成立以来就承担着国际金融协调的重任，其使命之一就是在成员国遭遇困境时以提供政府间贷款的方式提供援助，帮助成员国克服短期性国际收支失衡和维持币值稳定。但是，它对遭到危机冲击的东亚与东南亚国家的援助不仅来得慢，力度小，而且还附加了苛刻的条件。[①] 1997 年，国际货币基金组织在与韩国签订贷款协议时，要求韩国向外国银行和其他金融机构大幅开放金融市场；在与印度尼西亚签署贷款协议时，则不仅要求印度尼西亚开放金融市场，还要求削减财政开支、紧缩通货，甚至还提出了让印度尼西亚政府实施政治体制改革的要求。[②] 这些要求引发了普遍的不满，一些成员国，特别是受亚洲金融危机严重冲击的成员国，开始思考其他的政策协调渠道。

在这一背景下，1997 年 11 月 18 日，马尼拉框架小组（Manila Framework Group）会议召开，会议成员包括 14 个太平洋国家、地区[③]的财政部、央行官员与国际基金组织、世界银行和亚洲开发银行官员，主题是共同商讨亚洲金融危机的应对之策，以“恢复地区金融稳定”。[④] 马尼拉框架小组会议以谋求共识而非达成法律协

① 李洁：《国际货币基金组织（IMF）与 1997 年亚洲金融危机》，《瞭望》2008 年 46 期，第 30 页。

② Elaine Hutson and Colm Kearney, “The Asian Financial Crisis and the Role of the IMF: A Survey,” *Journal of the Asia Pacific Economy*, No.4, 1999, p.395.

③ 这 14 个国家、地区是澳大利亚、文莱、加拿大、中国、中国香港、印度尼西亚、日本、韩国、马来西亚、新西兰、菲律宾、新加坡、泰国和美国。

④ G20, “The Group of Twenty: A History,” 2008, pp. 11–12, http://www.g20.utoronto.ca/docs/g20history.pdf.

议为目标，是一种与国际货币基金组织完全不同的恢复地区金融稳定的新型协调方式。而且，马尼拉框架小组成员中既包括美国、加拿大和日本这样的七国集团国家，也有亚太地区的新兴经济体，在成员主体上体现了平等性和包容性的特点，成为几年后成立的二十国集团运作机制和成员构成方面的雏形。

二、二十二国集团与三十三国集团

与发展中国家对新型国际经济治理机制的呼声相一致的是，发达国家对新兴经济体的地位和作用日渐承认。前述1988年七国集团多伦多峰会承认了亚太地区新兴工业化经济体日渐重要的地位，1995年，七国集团哈利法克斯峰会又表示支持将一些重要的新兴经济体纳入国际金融体系中。1997年的马尼拉框架小组会议后，对缓解本地区金融危机发挥了显著作用，但由于成员构成的地域限制，危机向包括俄罗斯和拉美地区在内的全球其他地区蔓延，并对发达国家的信贷市场和原材料价格造成了冲击。在这一背景下，时任美国总统克林顿在1997年11月25日举办的温哥华亚太经合组织领导人非正式会议上指示财长鲁宾（Robert Rubin）发起召开一次全球范围重要国家参加的非正式财长会议，讨论亚洲金融危机对世界经济造成的挑战和应对之策。美国财政部为此于1998年4月邀请了全球22个主要发达国家和新兴经济体①的财长与央行行长，在华盛顿特区威拉德酒店举行第一次二十二国集团会议，史称“威拉德会议”。在会议上，与会财长和央行行长非正式地交流了对当时世界经济形势的看法，一致认为需要改革国际金融治理架构，加强发达国家与发展中国家在全球经济治理中的政策协调。

1999年3月，扩大版的二十二国集团会议在德国柏林召开，在新增了11个发达国家和发展中国家②后，二十二国集团会议升级成为三十三国集团会议。三十三国集团会议受到了新兴市场国家/地区财长和央行行长的欢迎，但同时也认为三十三国集团仍是临时性的安排，因而呼吁建立一个更加稳定、更加平等的发达国家与发展中国家对话机制。在发达国家眼中，三十三国集团会议显示了“与新兴市场国家/地区进行灵活务实的非正式对话具有重大意义”；同时，也感到三十三国集团的成

---

① 这22个国家、地区包括七国集团和另外的15个国家和新兴经济体——阿根廷、澳大利亚、巴西、中国、中国香港、印度、印度尼西亚、马来西亚、墨西哥、波兰、俄罗斯、新加坡、南非、韩国和泰国。

② 这11个新增国家是比利时、智利、科特迪瓦、埃及、摩洛哥、荷兰、沙特、西班牙、瑞典、瑞士和土耳其。

员构成有明显缺陷，规模过大难以保证开展“富有成效的非正式对话”。①

三、二十国集团财长与央行行长会议

从马尼拉框架小组到二十二国集团再到三十三国集团，发达国家与发展中国家对新的全球经济协调和对话机制开展了积极有益的尝试。在二十国集团机制的诞生过程中，发达国家尤其是七国集团国家的财长发挥了主要的推动作用，其中最为关键的是时任加拿大财长保罗·马丁（Paul Martin）和美国财长劳伦斯·萨默斯(Lawrence Summers)。保罗·马丁认为，需要让新兴经济体坐到桌前一起对话，并为解决问题作出贡献，而劳伦斯·萨默斯也认为，需要在国际货币基金组织之外创建一个新的机构，供发达经济体与新兴经济体就重要经济、金融议题进行协商与合作。在这一共识的指导下，八国集团财长在1999年年中，就建立布雷顿森林体系框架内具有系统重要性国家之间非正式对话的新机制开展了筹备工作。在当年9月25日召开八国集团财长、央行行长华盛顿会议上，发布了一份联合公报，对这一新机

① 参见徐凡：《二十国集团（G20）机制化建设研究》，北京：对外经济贸易大学出版社2015年版，第74—75页。

制的成立进行了确认。公报表示：

> 我们建议在布雷顿森林体系框架下为非正式对话建立一个新的机制，以此来拓展同系统重要性经济体就重大经济及金融政策议题进行对话，促进合作以实现稳定的、可持续的世界经济增长，惠及所有国家。我们相信，这一平台上的讨论将有利于补充并强化布雷顿森林机构的角色。据此我们将于12月邀请来自世界各地区具有系统重要性的国家代表到柏林共同成立这个新论坛。①

至此，新机制的成立已如箭在弦上。在12月新机制会议正式召开之前，筹备和讨论的重点围绕在新机制成员、新机制的议题设置、新机制与其他国际经济组织之间的关系等问题展开。关于新机制成员数量和具体成员的选择，主要由七国集团的财长，尤其是上述美国财长

① G7 Finance Ministers and Central Bank Governors, *Statement of G-7 Finance Ministers and Central Bank Governors* (Washington, D. C., September 25, 1999)，转引自［加拿大］彼得·哈吉纳尔：《二十国集团：演变、互动、记录》（国务院发展研究中心“国际经济金融治理”基础课题组译），北京：中国发展出版社2017年版，第18页。

劳伦斯·萨默斯、加拿大财长保罗·马丁和时任德国财长汉斯·艾歇尔（Hans Eichel）三人确定。八国集团没有明确制定新机制成员的标准，但达成了以下共识：首先，成员必须是世界经济中具有系统重要性的经济体，对全球金融系统的稳定具有举足轻重的作用；其次，成员的构成必须反映世界经济格局的新变化，吸收更多的新兴经济体，同时在代表性上保持地区均衡；最后，确保新机制成员规模较小，借以保证非正式交流的顺利开展。在这些原则的指导下，最后敲定的新机制成员的数量是20个，包括19个主权国家和1个地区组织欧盟。原三十三国集团中的一些成员国或因为经济实力或因为代表性地区均衡问题而无法成为二十国集团的成员。

成员确定之后，二十国集团财长和央行行长副手会议1999年11月在温哥华召开，为二十国集团机制建章立制。会议确定了新机制的名称为二十国集团，认为在议题设置上应遵循先易后难的原则，会议还确认了由二十国集团成员担任轮值主席但同时邀请国际货币基金组织和世界银行等国际机构的领导人参加以确保新机制仍然内嵌于布雷顿森林体系框架之内。会议最后还达成了关于二十国集团未来机制运作的具体安排：二十国集团以非正式的部长级会议形式运作，每年召开财长和央行行长会议一次，副手会议两次；二十国集团不设常设秘书处和工作人员，不签订《宪章》，会议的目标是形成共识，不投票，不达成有法律约束力的协议。

1999年12月15日，首届二十国集团财长、央行行长会议在德国柏林正式召开，二十国集团机制正式诞生。会议在友好、非正式的交流中取得了重要共识，认为集团成员除了保证国内良好的宏观经济政策之外，还需要在成员之间开展有效的宏观经济政策协调，降低全球化时代各国经济和世界经济的脆弱性。柏林会议不仅标志着二十国机制的诞生，而且开创了国际经济治理的新模式。

四、二十国集团领导人峰会

二十国集团财长和央行行长会议机制成立以后，每年召开一次，在协调发达经济体和新兴经济体宏观经济政策问题上取得了比较好的效果。但是，该机制在其前十年（1999—2008年）的发展中限于部长会议，相对而言级别和权威都不够高。国际经济治理的主要功能还是由布雷顿森林体系的三大正式国际机构和七国集团、八国集团行使，二十国集团在全球经济治理中还是处于相对边缘、尴尬的位置。也有七国集团的领导人和学者提议将二十国集团升格为领导人峰会机制，比如2003年已升任为加拿大总理的马丁提议创建二十国集团领导人论坛，一些学者也提议二十国集团领导人在合适的时机召开会议，以此提升该集团的影响力，提供更高级别的政治支持，① 但这些提议没有得到积极的回应。甚至连二十国集团自己编撰的、成稿于2007年年底的《二十国集团历史》中也指出，"这些（召开二十国集团领导人会议的）提议虽然也曾吸引过一些目光，但当前没有人对此有兴趣。"②

鉴于二十国集团升级为领导人会议的提议未受重视，而七国集团、八国集团在国际经济治理中又继续受到代表性缺乏或民主赤字的困扰，当时的八国集团尝试了别的办法。在2005年八国集团英国格伦伊格尔斯（Gleneagles）峰会上，东道主英国首相布莱尔邀请了巴西、中国、印度、墨西哥和南非五个主要发展中国家参加了峰会的一些环节，成立了所谓的"G8+5"机制。2008年前，这一机制常态化，每年举行一次会议。但

① 参见 J. English, R. Thakur, and A. Cooper, eds., *Reforming from the Top: A Leaders' 20 Summit* (New York: United Nations University Press, 2005); Peter I. Hajnal, "Summitry from G5 to L20: A Review of Reform Initiatives, Centre for International Governance Innovation," Working Paper No. 20, March 2007。

② G20, "The Group of Twenty: A History," 2008, p. 52, http://www.g20.utoronto.ca/docs/g20history.pdf.（2017年12月5日登录）

是，在这一机制安排中，五个发展中国家与八国集团成员并非平等的关系，五国领导人只能参与一些特定的环节，在其他环节则需要退出。更为关键的是，这一机制安排并未解决以领导人峰会为中心的全球治理中缺乏关键新兴经济体代表的问题。加拿大总理马丁在其回忆录中回忆2005年八国集团格伦伊格尔斯峰会时，表达了新兴经济体被排除在外的担忧：

> 中国国家主席胡锦涛与印度总理辛格是世界上人口最多的两个国家的领导人，而在我们的有生之年，这两个国家很可能会成为地球上最大的经济体。当我们举行G8峰会时，他们却在外面等候，接着进来吃午餐，然后当我们准备继续讨论时，他们再被请出会议室……G8如此对待新兴发展中国家巨头还要持续多久呢？……要么发达世界对包括G8在内的机构进行改革并将这些新兴的经济体纳入进来；要么这些新兴经济体将创建属于他们自己的机构——那样的话，也许有一天在走廊里等待午餐开始的

是我们。①

正如二十国集团部长级会议发端于亚洲金融危机一样，促成二十国集团领导人峰会召开的是另一次危机——2008 年发源于美国、蔓延至全球的金融危机。金融危机爆发后，美国和其他发达经济体首当其冲，遭受重大冲击。不论从经济增长率还是失业率等指标衡量，发达经济体陷入危机。相对而言，新兴经济体受到此次危机冲击较小，尤其是中国、巴西、印度、俄罗斯等金砖国家在危机期间继续保持了较高的增长率。美国学者罗杰·奥特曼（Roger C. Altman）用了“大崩盘”（Great Crash）一词来形容这次危机，并指出危机使自由市场资本主义和整个西方经济体系的信用受到冲击，对西方世界来说，危机是一次“地缘政治上的挫折”。②

危机的严重性及其向全球蔓延的势头显然已经超出了发达经济体的控制能力，而当时的二十国集团囿于其

① 转引自［加拿大］彼得·哈吉纳尔：《二十国集团：演变、互动、记录》（国务院发展研究中心“国际经济金融治理”基础课题组译），北京：中国发展出版社 2017 年版，第 20 页。

② Roger C. Altman, “The Great Crash, 2008: A Geopolitical Setback for the West,” *Foreign Affairs*, Vol. 88, No. 1, January/February 2009, pp. 2-14.

会议级别也没有足够的影响力来稳定局面。正是在这一背景下，之前将二十国集团升格为领导人级别的提议重新被提出，并最终被接受。这一次首先提议的是时任英国首相布朗（Gordon Brown）和法国总统萨科齐（Nicolas Sarkozy），两人于 2008 年早些时候就交流了看法，一致认为八国集团因其排除所有新兴经济体而太过局限，有必要召开领导人层面的二十国集团会议。之后他们一起向美国总小布什提议和呼吁，后者于当年 10 月 22 日向二十国集团成员发出了参加华盛顿峰会的邀请。① 11 月 14—15 日，二十国集团第一次领导人会议，即首届二十国集团峰会在华盛顿召开。

第二节　体系架构与峰会议程

二十国集团的成员由 19 个主权国家和欧盟组成。这 19 个主权国家包括原七国集团的美国、加拿大、日本、法国、德国、意大利、英国和其他 12 个国家：澳大利亚、韩国、印度、中国、巴西、南非、墨西哥、俄罗斯、

① Gordon Brown, *Beyond the Crash: Overcoming the First Crisis of Globalization* (New York and London: Free Press, 2010); George W. Bush, *Decision Points* (New York: Crown Publishers, 2010), p. 437.

阿根廷、沙特阿拉伯、土耳其和印度尼西亚。二十国集团涵盖了包括欧洲、北美洲、拉丁美洲、亚洲、大洋洲和非洲在内的主要经济体，其国内生产总值（GDP）总量约占世界总产值的85%，贸易量占全球贸易总量的75%以上，覆盖了世界人口的三分之二。① 因此，与七国集团相比，二十国集团在经济上拥有更大的影响力，在地理和政治上具有更广泛的代表性。

一、二十国集团体系

在组织架构上，二十国集团在很大程度上以七国集团、八国集团为模板，也是一个没有常设秘书处和管理机构的非正式组织。随着时间的推移，二十国集团从原来的财长、央行行长会议和领导人峰会发展成了一个多层级的会议体系，形成了一个与七国集团、八国集团体系相当的金字塔会议体系。一年一度的领导人峰会位于整个集团体系的顶点，是金字塔的第一层，也是全球聚焦的中心。第二层级是议题日益广泛的各种部长级会议。第三层级是峰会事务协调人会议，每年召开至少三四次会议，主要负责峰会前的准备工作和峰会后的总结工作。

① G20, "The Group of Twenty: A History," 2008, p. 8, http://www.g20.utoronto.ca/docs/g20history.pdf.（2017年12月5日登录）

一些八国集团成员国指派同一人担任八国集团和二十国集团的协调人。第四层级是遍及二十国集团会议各个议题领域的各种专家组、工作组和其他下设机构团体，其职能是为上述三个层级提供支持与协助。

二十国集团体系这些不同层级的会议与工作组形成了一个相互关联的整体结构。处于体系顶端的领导人峰会必不可少，峰会的召开传达出成员领导人团结合作、努力形成共识的政治愿望，为整个体系提供最高级别的政治支持，具有重要的政治象征意义，当然下设的部长级会议和工作组同样重要。实际上，就倡议和承诺的落实而言，下设层级的工作可能比峰会本身更为重要，二十国集团体系内绝大部分的工作都是在领导人峰会之外的时间内完成的。

二、峰会议程

表 1　十二次二十国集团峰会主要议程

	地点	时间	议程
1	美国华盛顿	2008 年 11 月	讨论与识别金融危机的根源，评估各国应对危机取得的进展； 就经济刺激计划的必要性达成共识，利用财政措施刺激增长； 承诺向国际货币基金组织、世界银行及其他多边开发银行注资； 确立了有关金融市场改革与监管的共同原则，加强金融监控与危机预警机制； 承诺改革布雷顿森林体系内的国际机构，增加发展中国家的权力。
2	英国伦敦	2009 年 4 月	向国际货币基金组织等多边开发银行注资，国际货币基金组织的资金规模增加三倍，由 2500 亿美元增至 7500 亿美元；同时，国际货币基金组织为成员国增发 2500 亿美元特别提款权，提供 2500 亿美元的贸易融资支持； 敦促成员采取协调的财政刺激政策，制订了有史以来最大的高达 5 万亿美元的世界经济救助计划； 决定加强金融稳定论坛，将其重新命名为“金融稳定理事会”，强调对对冲基金、评级机构、避税天堂和企业高管薪酬的监管。

续表

	地点	时间	议程
3	美国匹兹堡	2009年9月	宣布二十国集团成为“国际经济合作主要论坛”； 继续实施经济刺激计划，直至经济复苏得到明显巩固，同时探讨刺激计划的推出时机与方式； 建立一个全新的《强劲、可持续、平衡增长框架》，规划后危机时代的全球经济治理； 继续呼吁加强国际金融监管； 改革国际货币基金组织在内的各国际开发银行的使命、宗旨和治理体系，承诺新兴经济体在国际货币基金组织内的投票权至少增加5%，在世界银行的投票权增加至少3%； 扩展了原先的峰会议程，发布了有关能源安全和气候变化的公报，承诺加强对弱势群体的支持。
4	加拿大多伦多	2010年6月	承诺继续采取协调一致的行动，实现更强大、更可持续和更平衡的增长； 发达国家成员在2013年前将赤字至少降低一半，并于2016年之前稳定或降低政府债务与GDP的比率； 呼吁围绕四个支柱改革金融部门：强有力的监管体系、有效地监督、解决系统性制度问题、透明的国际评估和同行评估； 设立一个关注发展的工作小组； 承诺加强国际金融机构建设，打击保护主义，促进贸易与投资。

续表

	地点	时间	议程
5	韩国首尔	2010年11月	发展议题上升为峰会主要议题，制定并通过了《共享增长的“首尔发展共识”》和《首尔行动计划》； 完善二十国集团问责机制，批准并加强了二十国集团相互评估进程； 继续推动国际金融机构改革，2012年前新兴经济体在国际货币基金组织内的份额增加6%以上； 推进以市场为导向的汇率制度。
6	法国戛纳	2011年11月	讨论欧洲国家的主权债务危机，避免危机蔓延； 通过《增长与就业行动计划》，旨在解决经济短期脆弱性、恢复金融稳定并巩固中期增长基础； 继续推进国际货币体系改革和金融体系改革，继续加强国际金融监管； 同时讨论大宗商品价格与农业发展、能源市场与气候变化、发展问题、贸易与保护主义和腐败问题。
7	墨西哥洛斯卡沃斯	2012年6月	峰会议程包括经济稳定与结构改革、普惠金融、国际金融体系改革、可持续发展、绿色增长与气候变化； 继续关注欧债危机，欧元区国家承诺采取一切必要政策措施维护该地区的稳定； 重申之前对国际货币基金组织配额及治理结构改革的承诺； 通过《洛斯卡沃斯增长与就业行动计划》，解决财政金融失衡并缓解其对增长、就业和信心的影响。

续表

	地点	时间	议程
8	俄罗斯圣彼得堡	2013 年 9 月	讨论叙利亚危机，特别是化学武器的使用； 继续改革国际金融体系，落实有关 2010 年国际货币基金组织份额和治理改革方案； 加强金融监管，加强多边贸易，打击腐败； 把握货币政策调整节奏，促进长期投融资增长。
9	澳大利亚布里斯班	2014 年 11 月	制定新的增长战略，承诺全球经济再增长 2.1%； 建立全球基础设施中心，吸引民间对基础设施的投资； 提供就业率与劳动参与率，消除贸易和竞争障碍； 继续推进全球金融体系改革； 完善能源市场，缓解气候变化，打击腐败。
10	土耳其安塔利亚	2015 年 11 月	提出“三个 I”：坚定落实已有承诺（Implementation）、促进投资增强增长动力（Investment for growth）、提高行动的包容性以确保共享增长红利（Inclusiveness）； 加快全球复苏，提升增长潜力； 推进在投资、就业与贸易、国际金融架构、跨国征税和反腐等领域的合作； 支持发展、能源和气候融资的可持续性。

续表

	地点	时间	议程
11	中国杭州	2016年9月	提出"四个I"：创新（Innovative）、活力（Invigorated）、联动（Interconnected）和包容（Inclusive）； 通过《二十国集团创新增长蓝图》，聚焦创新、新工业革命、数字经济等新要素新业态，试图从根本上寻找世界经济持续健康增长之道； 发起《全球基础设施互联互通联盟倡议》，加强基础设施互联互通项目的整体协调与合作； 实现了三个"第一次"：第一次把发展问题置于全球宏观政策框架的突出位置，第一次就落实联合国2030年可持续发展议程制订行动计划，第一次集体支持非洲和最不发达国家工业化。
12	德国汉堡	2017年7月	以"塑造联动世界"为主题，围绕"确保经济稳定性、改善可持续性、负责任地发展"三大支柱性议题展开； 将反恐作为优先事项，发布《二十国集团领导人反恐声明》，提出要进一步打击恐怖主义融资洗钱以及非法资金流，二十国集团成员需要各国政府及相关机构更好地合作。

资料来源：根据加拿大多伦多大学主办的"二十国集团信息中心"（G20 Information Center）网站上历次二十国集团峰会发布的宣言或领导人公报等材料整理。

纵观表1二十国集团峰会的议程，作为"国际经济合作主要平台”，二十国集团峰会的首要功能是协调成员之间的宏观经济政策，开展全球经济治理。但随着时间的推移和国际形势的变化，议程也经历了一个发展演变的过程。前两届峰会的议程主要围绕危机应对展开，包括识别危机的根源、实施协调一致的经济刺激计划、为国际多边机构注资强化其危机应对的能力、改革国际经济治理机构的投票和治理机制使其更好地反映变化了的国际经济力量对比等。从第三届匹兹堡峰会开始，二十国集团成为“国际经济合作主要平台”，开始致力于建立一个全新的“强劲、可持续、平衡增长框架”。自此，二十国集团危机应对的角色开始减小，财政刺激计划逐渐退出，开始了向后危机时代的一个长效的国际经济治理平台的转型。与此相一致的是，议题开始扩展，非金融、非经济的议题开始出现。2010 年 11 月首尔峰会上，发展问题第一次成为峰会的主要议题。此后的峰会上，包括气候变化、能源安全、反腐败等问题都成为峰会议题。而且，一些国际突发事件，包括 2011 年戛纳峰会上的欧债问题和 2013 年圣彼得堡峰会上的叙利亚危机问题都占去了峰会很大一部分的议程空间。

加拿大学者哈吉纳尔在总结二十国集团的议程演变时指出，二十国集团诞生于危机，正逐步向一个永久性机构转变，其议程也正在扩展。尽管经济与金融议题仍然是二十国集团关注的核心议题，但其他全球性问题也不可避免地引起了各国领导人的关注。发展、反腐败和粮食安全等问题在峰会公报中均有体现，在技术层面上，二十国集团也设立了专门处理这些问题的工作组和专家组。①

第三节　作用与局限

自 2008 年首届首脑峰会召开以来，二十国集团在很大程度上发挥了其国际经济治理主要平台的作用。二十国集团的诞生和成长顺应了全球经济一体化背景下国际经济力量对比变化的新格局和全球经济治理的新要求，相比于传统的正式的国际经济治理机制拥有明显的优越性。学者在总结二十国集团峰会取得的成就时，提到最多的是前两届峰会上成员步调一致推出的财政扩张措施。前引美国布鲁金斯学会研究员布拉德福特等指出，二十国集团伦敦峰会的最大成就是对成员在前两届峰会上承

① ［加拿大］彼得·哈吉纳尔：《二十国集团：演变、互动、记录》(国务院发展研究中心“国际经济金融治理”基础课题组译)，北京：中国发展出版社 2017 年版，第 39 页。

诺的大规模财政扩张措施的确认。① 加拿大学者卡林（Barry Carin）等认为，二十国集团国家的救市行动缓解了全球金融危机的冲击，提升了该集团的合法性和有效性。② 在2013年9月圣彼得堡峰会期间发表的《二十国集团峰会五周年声明》中，该集团对前五年的成绩做了自我总结。简言之，在华盛顿、伦敦和匹兹堡峰会上，成员进行了宏观经济政策合作，刺激世界经济的复苏与增长，发起金融行业改革计划；在多伦多、首尔、戛纳和洛斯卡沃斯峰会上扩展了议题，在包括恢复财政可持续性、金融和税收改革、反腐败、发展、能源、农业、包容性绿色增长等领域展示了领导能力，并开始同二十国集团之外的发展中国家合作。在圣彼得堡峰会上强调恢复强劲和包容性的增长和就业，促进包括基础设施投资在内的投资融资等。③

---

① Colin Bradford and Johannes Linn, "A History of G20 Summits: The Evolving Dynamic of Global Leadership," *Journal of Globalization and Development*, No. 2, Vol. 2, 2011, p. 11.

② Barry Carin and David Shorr, "The G-20 as a Lever for Progress," *Policy Analysis Brief*, The Stanley Foundation, 2013, p. 2, p. 11.

③《二十国集团峰会五周年声明》，中华人民共和国外交部网站，2013年9月11日，http://www.fmprc.gov.cn/mfa_chn/zyxw_602251/t1075599.shtml；英文版可见 University of Toronto G20 Information Centre, "G20 5th Anniversary Vision Statement," September 6, 2013, St. Petersburg, http://www.g20.utoronto.ca/2013/2013-0906-vision.html。（2017年12月5日登录）

在取得巨大成绩的同时，不可否认的是二十国集团在前进的道路上遇到了诸多障碍。早在二十国集团成立之初，就面临合法性和代表性的质疑。而且，二十国集团成员的选择是基于地理上和政治上的平衡，成员结构的多元化也意味着经济发展水平、资源禀赋条件、政治治理模式和价值观上的差异与分歧，这对集团内部形成全球治理的集体共识构成长期的挑战。早在二十国集团升级为首脑峰会后的第二年，中国学者袁鹏就指出，二十国集团的发展将受到后续动力不足、领导缺失、成员内部分歧的制约。① 二十国集团峰会的亲历者、意大利前总理普罗迪（Amano Prodi）也指出了影响集团治理效果的三大局限：第一，二十国集团不是一个正式的国际组织，只是一个通过共识形成决策的论坛；第二，一旦危机压力消失，成员就会转而以国家利益优先，集体行动很难达成；第三，二十国集团不是“经济领域的全球政府”。②

① 参见袁鹏：《G20 的时代意义与现实启示》，《现代国际关系》2009 年第 11 期，第 17—18 页；Thomas Wright, “Toward Effective Multilateralism: Why Bigger May Not Be Better,” *The Washington Quarterly*, Vol. 32, No. 3, July 2009, pp. 163-180。

② Amano Prodi, “Global Governance and Global Summit from the G8 to the G20: History, Opportunities and Challenges,” *China & World Economy*, Vol. 24, No. 4, 2016, p. 12.

从2008年下半年到2009年，由于国际金融危机处于最为严重的时期，为了共度时艰，二十国集团峰会的会场内外都洋溢着同舟共济的合作气氛。但是到了2010年，当各国经济刺激计划已经到位，二十国集团便开始迷失方向，进程停滞，各国分歧公开化。2010年11月的首尔峰会前夕，英国学者罗伯特·韦德（Robert Wade）等认为，二十国集团成员在国际金融危机最严重时显现的“同舟共济”精神已不复存在，成员分歧越来越明显。[①] 欧盟理事会前秘书长兼共同外交与安全政策高级代表索拉纳（Javier Solana）也指出，二十国集团内部出现“裂缝”。[②]

一、集团凝聚力弱化

作为一个组织，内部成员的凝聚力是其正常运转和发挥潜力的重要条件。二十国集团之所以能够在2008年召集所有成员的领导人齐聚华盛顿议事，其向心力来源于全球经济相互依赖的现实与发端于美国的金融危机向

① Robert Wade and Jakob Vestgaard, “Overhaul the G20 for the Sake of the G172,” *Financial Times*, October 21, 2010, http://www.ft.com/cms/s/0/a2ab4716-dd45-11df-9236-00144feabdc0.html.（2017年12月5日登录）

② Solana, Javier, “The Cracks in the G-20,” *Project Syndicate*, September 8, 2010, http://www.project-syndicate.org/commentary/the-cracks-in-the-g-20.（2017年12月5日登录）

全球蔓延恶化的趋势。防止危机蔓延恶化是二十国集团成员的利益汇聚点，从这个意义上说，二十国集团峰会成立之初主要是一个临时的危机救急机构。在危急时刻，集团成员以国际经济合作史上少见的一致步调，齐心协力，共同出台了刺激措施，提振了市场信心，防止了危机的恶化。但是，二十国集团临时救急的性质却也隐含着自身的问题，即危机过后如何前进？如何将一个应急机构转型为一个长效的全球经济治理平台不仅需要时间，更需要考验领导人的政治智慧。①

此外，二十国集团在 2008 年和 2009 年前后应对危机的急迫性和目的的单一性掩盖或压制了成员的内部差异。当各国将峰会决议带回家准备落实时，矛盾便开始显现。先不说二十国集团成员在包括经济发展阶段、政治制度、国家对经济发展的介入程度、文化思维、地缘位置等制度和宏观层面的差异，在当时金融危机的背景下各国对于危机的性质、根源、严重程度和持续时间的诊断，对于各国受危机影响的程度、经济刺激措施的规模和退出时机，对于各国不同的经济政策周期和不同的

① Andrew F. Cooper, "The G20 as an Improvised crisis committee and/or a Contested 'Steering Committee' for the World," *International Affairs*, Vol. 86, No. 3, 2010, pp. 741–757.

经济复苏的速度等都存在巨大分歧。

这些矛盾不仅存在于二十国集团内部的发达国家和发展中国家之间，在发达国家内部和发展中国家内部也出现了巨大的共识裂痕。以集团内发达国家和发展中国家的关系为例，在2010年至2012年的几次峰会上，其分歧的焦点主要是围绕危机的根源和对不同国家的影响、刺激计划的实施速度和退出时机、国际金融体系和国际货币体系的改革、对待贸易保护主义的态度、不同的货币和汇率政策，以及在2009年哥本哈根气候大会不欢而散后是否将气候谈判的主要论坛从《联合国气候变化框架公约》（UNFCCC）转移到二十国集团等。[①] 就发达国家内部而言，也形成了两大利益阵营：美国和以法国和德国为核心的欧元区国家。美国竭力维护现行国际经济秩序中的既得利益，将二十国集团的作用仅限于救灾应急，在尽量少地放弃既得利益的前提下，借助集团内新兴经济体的力量帮助自己渡过难关。而欧元区国家则呼吁建立超国家金融监管机制，限制美国华尔街的过度投

① Andrew F. Cooper and Ramesh Thakur, *The Group of Twenty (G20)* (London and New York: Routledge, 2013), p. 131.

机行为和资本过度流动。[①] 鉴于二十国集团内部这些分歧的存在和发酵，国际货币金融机构官方论坛（OMFIF）首席经济顾问加布里埃尔·斯坦在2013年对于二十国集团内部的合作前景做出了如下悲观的评价："事实上，它（二十国集团）现在并没有一个清晰的目标……作为一个整体，G20各成员国及全世界其他各国处于各自经济周期的不同阶段，这也就意味着每个国家都有不同的政策需求……各国很少有政策协调的需要，更不用说达成政策协调的可能性了。"[②]

二十国集团的向心力还受到了突发国际事件和地缘政治竞争的影响。2013年叙利亚危机在峰会主办国俄罗斯和美欧之间造成巨大的裂痕，几乎绑架了峰会议程。而2014年俄罗斯与乌克兰的冲突以及围绕当年7月在俄乌边境坠毁的马来西亚航空公司MH17客机的争议使得当年在澳大利亚布里斯班举办的第九届峰会在这一问题上陷于分裂，俄罗斯总统普京受到西方国家领导人的孤

---

① 王文、王瑞晶：《G20框架中的利益阵营及新兴国家的战略空间》，载中国人民大学重阳金融研究院主编：《谁来治理新世界：关于G20的现状和未来》，北京：社会科学文献出版社2014年版，第160页。

② 加布里埃尔·斯坦《G20的意义在于促成实质性成果》，载中国人民大学重阳金融研究院主编：《谁来治理新世界：关于G20的现状和未来》，北京：社会科学文献出版社2014年版，第54—56页。

立，在峰会尚未完全结束前就先行离开。① 此外，美国奥巴马总统在亚洲推行“亚太再平衡”战略，巩固原有的双边军事同盟，组建新的多边军事同盟，使得东海、南海局势起伏不定，打乱了东亚经济一体化的进程。金融危机之后的这些突发事件和不断加剧的地缘政治竞争，使得二十国集团中夹杂了成员间地缘政治博弈的变量，严重影响了集团成员尤其是大国之间的互信，损害了集团的向心力。②

由于上述二十国集团峰会成立之初的应急性质、成员内部差异与分歧以及突发地缘政治事件的冲击，二十国集团向心力在2010年之后严重磨损，“二十国集团已死”的声音此起彼伏。③ 在后危机时代，二十国集团合作意愿明显减弱，从危机应对的临时机制向国际经济治理的长效机制转型的进程举步维艰。

---

① Jan Nolaskowski, Rob Keane, and Tom Wright, “How Unified is the G-20?” Project on International Order and Strategy at Brookings, November 14, 2014.

② 刘宗义：《“二十国集团”转型与中国的作用》，《现代国际关系》2015年第7期，第14页。

③ 参见 Ian Bremmer, “From G20 to G-Zero,” *New Statesman*, Vol. 142, No. 5161, July 6, 2013, pp. 22-27; Tamim Bayoumi and Stephen Pickford, “Is International Economic Policy Cooperation Dead?” Chatham House Research Paper, June 2014。

二、领导缺失

一个组织的运转与发展离不开强有力的领导，但是二十国集团峰会从成立之初便缺乏强有力的领导。美国实力下降，独木难支，而且美国对二十国集团采取实用主义的立场，没有真正推动二十国集团进程的诚意；欧盟受困于欧债危机，忙于整顿内部事务，也难堪大任；集团内的新兴经济体初次登上全球经济治理的舞台，实力有限，经验也不足。

以美国为例，在召集 2008 年二十国集团首届峰会①以及 2009 年推动各国采取经济刺激措施上确实体现了领导力，而且在 2009 年 9 月的匹兹堡第三次峰会上推出了《强劲、可持续和平衡增长框架》，为今后的全球经济合作设定方向和目标。但是，这一领导力建立在其国家利益之上，峰会的召开不仅帮助美国动员了二十国集团内新兴经济体的力量共同推动经济的复苏，而且还使得美国得以利用二十国集团这一以更广泛与平等的合作为基础的全球经济治理新模式，为其在更广阔的范围内主导

---

① 2008 年二十国集团首次华盛顿峰会由法国和英国首先提议，再由美国最终决定召开并召集各国领导人，参见 John J. Kirton, *G20 Governance for a Globalized World* (Farnham: Ashgate, 2013), pp. 231-237。

全球治理体系的重构增加了合法性。① 待到2010年美国经济开始复苏，而二十国集团平台也提高了美国全球经济治理的表面上的合法性，美国对二十国集团便显得意兴阑珊。美国经济增长情况见表2。

表2 2008—2014年美国年度经济增长率 (%)

2008年	2009年	2010年	2011年	2012年	2013年	2014年
-0.3	-2.8	2.5	1.6	2.3	2.2	2.4

资料来源：IMF World Economic Outlook Database, April 2015, http://www.imf.org/external/pubs/ft/weo/2015/01/weodata/index.aspx。(2017年12月5日登录)

对美国在二十国集团内的领导力造成最严重侵蚀的是美国对待国际组织的实用主义立场。战后美国的国际机制政策历来注重实际效果，服务于维护美国霸权的总体目标，而不是从原则立场出发。在美国政策制定者眼中，国际机制是治国手段和政治手腕，不是美国国家身份的重要组成成分或主要特点。奥巴马于2009年入住白宫后，他和他的团队一度被称为“实用主义者”。而美国智库多位有影响力的学者为奥巴马政府的国际机制政

① 洪邮生、方晴：《全球经济治理力量重心的转移：G20与大国的战略》，《现代国际关系》2012年第3期，第39页。

策提出的建议的核心也是实用主义的。鉴于这样的传统和背景，美国的二十国集团政策也深深刻上了实用主义的烙印。[①] 不管是对国际货币基金组织改革承诺的久拖不决，还是连续采取以邻为壑的定量宽松政策，罔顾该政策对他国特别是发展中国家的负面溢出效应，还是通过提高劳工、环境和技术标准实施新的贸易保护主义，并撇开世界贸易组织多哈回合贸易谈判转而推动《跨太平洋伙伴关系协定》（Trans-Pacific Partnership Agreement，TPP）和《跨大西洋贸易与投资伙伴关系协定》（Transatlantic Trade and Investment Partnership Agreement，TTIP）等区域内贸易协定，[②] 美国都是从一国私利出发，没有体现出作为一个集团或组织的领袖应有的责任与担当。

美国对待国际组织的实用主义立场意味着美国发起和创建国际组织的标准是这一组织在当时特定的背景下有利于美国更好地维护和实现国家利益，而不是这一机制本身具有值得追求的内在价值。美国对待二十国集团也不例外。当二十国集团在 2008 年和 2009 年动员了全球力量应对危机，刺激了经济的复苏，对美国而言，二

① 关于美国外交中的实用主义传统，第四章中将有更多的论述。

② 参见美国贸易代表 Michael Froman, "The Strategic Logic of Trade," *Foreign Affairs*, Vol. 93, No. 6, November/December 2014, pp. 111-118。

十国集团峰会的实用主义效能已基本实现。当二十国集团从危机应急机制开始向全球经济的长效治理机制转型时，其议题扩展至一些长期困扰全球经济的结构性问题，解决起来难度更大，而且真正落实二十国集团峰会的宣言和决议不仅会影响美国国内政策的行动自由，还会挑战到美国在国际经济体系中的主导权。基于这样的背景，美国在 2010 年后对二十国集团表现得意兴阑珊也就不难理解了。在一些学者的眼中，美国有点“过河拆桥”的意思。① 虽然美国口头上继续重视二十国集团的作用，但是在行动上变得消极，开始背离甚至破坏二十国集团作为“全球经济治理主要平台”的定位。2010 年 3 月，美国开启“跨太平洋伙伴关系协定”新规则的正式谈判，2013 年 4 月，美国又和欧盟正式谈判“跨大西洋贸易与投资伙伴关系协定”，开始为国际贸易设定新的规则标准。美国这么做的目的是设立新兴国家尚难以企及的新标准，使其面对一个复杂和高度一体化的全球体系，除了加入之外基本上别无选择，使“西方治理”的核心内涵保持在“全球治理”的外壳之中。② 当二十国集团

① 金灿荣：《热话题与冷思考——关于二十国集团与全球治理中的中国角色的对话》，《当代世界与社会主义》2016 年第 4 期，第 8 页。

② 参见陈志敏：《多极世界的治理模式》，《世界经济与政治》2013 年第 10 期，第 16 页。

峰会的发起国和最大经济体为了维护其在国际经济体系中的主导地位，拒绝扮演集团的领导角色，反而以其在现行国际体系内的独特地位和在国际规则制定方面的优势，推翻原先的国际规则，那么该集团号召成员采取统一行动的能力就会大打折扣。

三、执行力弱

一个组织的效力与信誉取决于其执行能力，而二十国集团非正式性的组织架构使其在这一点上具有先天的缺陷。二十国集团属于典型的非正式国际对话机制，这固然能够给这一机构带来灵活性的优势，使其能够快速动员全球力量应对危机，但是它的建立没有以具有法律约束力的国际“条约”或“宪章”作为基础，建立后达成的国际协议和国际承诺也不具有国际法意义上的约束力。二十国集团会议上通过的“公报”“宣言”“声明”“行动计划”等对成员只发挥着方向引导的作用，主要依靠相互监督来加以落实。①

当然，为了推动峰会决议的实施，促进全球经济的持久复苏，二十国集团成员在2009年匹兹堡第三次峰会

① 朱进杰：《非正式性与G20机制未来发展》，《现代国际关系》2011年第3期，第41—42页。

上设计了“相互评估进程”（Mutual Assessment Process, MAP）这一政策合作方法：二十国集团成员确定全球经济的目标以及为实现这些目标所需执行的政策，并相互评估在实现这些目标方面所取得的进展。但由于缺乏有效的监督与执行制度，又没有强有力的约束力和违约处罚的压力，各成员之间存在难以调和的分歧。特别是在美欧日不顾发展中国家的反对使用量化宽松等政策手段时，“相互评估进程”无能为力，因而无法达到预期目标。

以国际货币基金组织的投票权改革为例，早在2010年11月的首尔峰会上二十国集团就通过决议承诺增加发展中国家的份额和投票权，峰会之后包括欧洲国家在内的绝大多数国家都陆续批准这一改革方案，唯独美国这个对国际货币基金组织内重大事项拥有否决权的国家一直拖延至2015年年底才通过。对于美国在几年之内拖延和拒绝执行峰会决议，二十国集团其他成员除了等待和呼吁，显得束手无策。由此可见，二十国集团的执行力和约束力都过于薄弱，而且当美国这样的集团发起国带头拖延敷衍时，二十国集团作为全球经济治理主要平台的信誉也受到了严重的打击。

第四节　小结

从1999年二十国集团财长、央行行长会议召开，到2008年11月首届领导人峰会召开，再到2009年9月美国时任总统奥巴马宣布其成为“国际经济合作主要平台”，二十国集团成为全球经济治理舞台上的新宠，该集团发挥全球经济治理的作用也成为各国的期待。

二十国集团涵盖了世界上主要的发达经济体和新兴经济。成员资源禀赋各异，经济发展水平和政治文化背景也千差万别，却得以在二十国集团这一个统一的平台上相互协调政策，开展全球经济治理。二十国集团在其发展过程中，逐渐形成了一个包括领导人峰会、部长级会议、协调人会议和各种专家组、工作组会议在内的金字塔形的层级结构，其讨论的议题也随着时间的推移逐步从早期的短期性的金融危机应对与预防为主，向后来的长期性、结构性的政策协调和制度改革等方向演进。

在二十国集团峰会成立后的前两年，成员团结一致，以克服危机为共同目标，成效显著。各成员进行了宏观经济政策合作，开展金融行业改革，在较短的时间内刺激了世界经济的复苏与增长。在取得巨大成绩的同时，不可否认的是二十国集团在前进的道路上也遇到了诸多障碍。从 2010 年开始，二十国集团便度过了“蜜月期”，受到后续动力不足、领导缺失、成员内部分歧以及组织松散、约束力不足等瓶颈的制约，前进的势头明显减弱。尽管如此，二十国集团还是在多个领域取得了瞩目的成就。在 2010 年以后的峰会上，二十国集团扩展了议题，在包括恢复财政可持续性、金融和税收改革、反腐败、发展、能源、农业、包容性绿色增长、基础设施投资融资等领域展示了领导能力，并开始同二十国集团之外的发展中国家和国际组织合作。

第四章

美国的二十国集团政策*

美国是当代世界秩序的主要缔造者，也是各种全球治理机制的主要发起者和创建者。不论是国际治理机制的理论探索与创建，还是国际治理的实践，美国都走在其他国家的前头。美国国内对于通过国际机制维护美国利益实现外交目标这一点具有广泛的共识。约瑟夫·奈（Joseph S. Nye）在1990年冷战结束之前时指出："在一个相互依赖的世界中，采用一种全球单边主义战略来指导美国的外交政策是不可能的。即使是对国际机构期望甚少的官员也发现了国际机构对实现美国目标的价值。"① 美国学者伊肯伯里（John Ikenberry）是美国国际机制战略的重要倡导者。他曾多次指出，现行的以西方

---

* 本章的第二、三、四节曾以《美国实用主义外交与二十国集团：危机应对与议程主导》为题发表于《国际论坛》2015年第3期，第12—18页。

① ［美］约瑟夫·奈：《美国注定领导世界？——美国权力性质的变迁》（刘华译），北京：中国人民大学出版社2012年版，第211页。

为中心的国际体系是一个开放、基于规则、整合性和包容性极强的体系，发展到今天这一体系已高度制度化。他甚至指出，在应对新兴经济体的挑战时，美国手中“最强大的战略武器”就是各种国际机制组成的以美国自身为中心的国际体系和国际秩序。①

2008年，美国在盟友的倡议下，决定将二十国集团升格为领导人峰会不仅是迫于应对经济危机的挑战，同时也是这一国际机制战略的延续。中国学者洪邮生等在分析美国二十国集团政策的动机和目的时指出，“美国是想利用G20这种以更广泛与平等的合作为基础的全球经济治理的新模式，为其在更广阔的范围内主导秩序的重构寻找合法性，从而维护和巩固其在现行全球治理体系中的领导地位。”②

本章以制约美国发挥国际治理的国际和国内因素和美国对待国际机制的实用主义立场为视角，考察和分析美国在二十国集团的源起和发展过程中的作用。笔者认为，在当前由美国主导的国际秩序中，美国的支持是二

---

① John Ikenberry, "The Future of the Liberal Order," *Foreign Affairs*, Vol. 90, No. 3, May/June 2011, pp. 56-68; John Ikenberry, "The Rise of China and the Future of the West," *Foreign Affairs*, Vol. 87, No. 1, January/February, 2008, pp. 23-37.

② 洪邮生、方晴：《全球经济治理力量重心的转移：G20与大国的战略》，《现代国际关系》2012年第3期，第39页。

十国集团成员成功开展合作的关键因素；美国发起二十国集团并将其升级为领导人峰会，根本目的是动员各成员的力量共同克服金融危机，以此帮助美国重振在全球经济中的领导力，主导国际经济治理的进程，而非真正赋予新兴经济体国际经济秩序的主导地位；美国对国际经济治理主导权的追求及其在多边主义问题上表现出的实用主义立场则是二十国集团发展的重大障碍。

第一节　美国参与国际治理的国内外制约因素

当然，在美国实施国际机制战略、主导国际治理的过程中，也遇到了诸多障碍，既有国内制约因素，也有国际上的障碍。国内因素主要包括权力制衡的国内政治结构、“美国例外论”的文化特性和美国的超强实力特征。国际因素包括国际治理面临的巨大挑战、美国实力的相对下降和2008年国际金融危机的性质。在这些内外因素的影响下，美国对待国际机制和全球治理改革的态度都显得模棱两可。

一、国际制约因素

制约美国主导全球治理改革的第一个国际因素是当

前全球治理改革面临的巨大挑战。首先，经过二战结束以来多年的演进，全球治理体系已经处于一种成百上千种机制并行存在的状态，形成了一个“多层次的多边主义”体系。这些机制有全球性的，也有地区性的；有正式的，也有非正式的；有服务于一般性目标的，也有针对具体问题而设立的。众多机制的并存固然有其好处，不仅带来了机制之间的竞争使其更好地完成使命，也为各个国家和其他行为体提供了各种层次的交往与合作渠道。但是，这些机制的缺点也显而易见，它们使得原本已经稠密复杂的国际机制体系更加复杂和拥挤。其中一些机制已经过时，但是由于机制成员国和官僚体制在机制内的既得利益，它们不仅很难取消，而且即使是在其内部重新分配权力也极为困难。

其次，不同于和美国世界观相似的发达国家，美国在当前国际治理改革中面对的对象是立场和身份各不相同的新兴国家。在美国眼中，新兴崛起的国家在对威胁的认知、政治价值观和经济愿景方面与美国不尽相同，它们也不大可能不附加任何条件或做出一些修正就会全盘接受西方的秩序。① 因此，如何塑造和改变新兴国家

---

① ［美］斯图瓦特·帕特里克：《全球治理改革与美国的领导地位》，《现代国际关系》2010年第3期，第55页。

的利益和身份认知，使其成为美国为首的西方主导的世界秩序的利益攸关方，难度巨大。

影响美国主导国际治理改革的第二个国际因素是美国影响力的相对下降，这不仅损害到了美国的国际信誉与领导地位，也在某种程度上改变了美国对自身国际收益的计算。美国已经不像二战结束之际那样享有压倒性的物质权力和绝对的意识形态影响。在 21 世纪的前十年，美国的外交地位和经济地位都出现了相对的下降，而军事却过度扩张，美国还浪费了大量的软实力。尤其是 2008 年国际金融危机发生后，美国的发展模式也受到世界的质疑。按照帕特里克的说法，即便是西方世界也不再想当然地认为美国处于领导地位，很少有国家再愿意把美国看成世界最主要的规则制定者。①

在美国国际影响力相对下降的背景下，美国对国际收益的计算也发生了变化。美国更加关注相对收益，而不是绝对收益。如果说国际治理机制体系的改革是要求美国向新兴国家让渡权力以满足机制内的民主化诉求，美国当然不会乐意改革，这符合一个实力相对下降的霸权国家的心理逻辑。因此，美国学者笔下强调的美国领

---

① ［美］斯图瓦特·帕特里克：《全球治理改革与美国的领导地位》，《现代国际关系》2010 年第 3 期，第 54 页。

导国际治理改革的困难和力不从心，在其他国家看来就是美国缺乏领导的意愿和动力而采取故意拖延的策略。毕竟现有大部分重要的全球性国际治理机制创建于新兴国家崛起之前，其内部的权力结构反映的是美国及其发达国家盟友的利益偏好。可以说，美国对领导国际治理改革不积极也是一种治理的方式，那就是在世界经济格局已经发生改变的条件下继续维持以前的权力结构和制度安排，拖延国际机制中权力的重新分配，尽量减少自身相对收益的损失。

二、国内制约因素

首先，美国能否在全球治理中发挥领导作用受到美国国内三权分立的政治体制的影响。美国宪法赋予了美国国会在外交政策方面与行政部门同等的权力，美国总统签署的任何国际条约或国际机制都需要经过国会中参议院的批准才能生效，而且是需要参议院的 2/3 多数。再考虑到美国的两党政治，白宫和国会以及国会内的参众两院常常由两党分别控制，总统签署的国际条约常常很难顺利通过参议院的批准。在美国外交史上，参议院在总统签署国际条约后拒绝批准通过的案例不少，最著名的第一次世界大战之后美国总统威尔逊签署《凡尔赛条约》，回国后却遭到参议院的否决。20 世纪 90 年代又是美国府院之争白热化的一个时期，克林顿政府时期，围绕在《全面禁止核试验条约》《联合国海洋法公约》和《京都议定书》等条约背后国会与白宫之间的较量，表明美国政府在国际治理中发挥领导作用的能力受到了美国宪政结构的严重制约。

其次，"美国例外"的政治文化也削弱了美国在全球治理改革方面的领导地位。两个多世纪以来，"美国例外论"所赋予的特殊使命一直是美国外交政策的基石，塑造了美国全球接触的内容和方式。①

最后，美国超强的实力以及美国对自身实力的认知。美国之所以成为当代世界秩序的主要缔造者，主要原因是二战结束以来美国在国际体系中绝对的权力优势。美国超强的实力使其既成为国际体系的创建者，同时又能成为体系特权的享受者。美国创建国际机制和体系的主要目的是按照自身的利益偏好规范其他成员的行为，同时尽量不使自身的行动自由受到限制。如果某个国际机制使其行动自由受到约束，强大的实力后盾可以让它跳

---

① 参见 Stewart Patrick, "Multilateralism and Its Discontents: The Causes and Consequences of U.S. Ambivalence," in Stewart Patrick and Shepard Forman eds., *Multilateralism and U.S. Foreign Policy: Ambivalent Engagement* (Boulder, Colo.: Lynne Rienner Publishers, 2002), pp. 7-10。

出或绕开这一国际机制行使权力，而这本身就是体系缔造者的一个重要特权。① 虽然如前所述美国在21世纪的前十年军事上过度扩张，又发生了金融危机，但美国实力的下降只是相对的。就军事、经济、科技、外交等领域的绝对实力而言，美国的优势依然十分显著；即使是所谓被挥霍浪费的软实力，也并未衰落。② 因此，美国依然是世界上最强大的国家，在国际机制体系中依然会是一个特权享受者。“只要美国仍然是一支真正意义上的全球力量，它就要继续坚持在外交和国家安全领域保有行动自由，同时希望别国继续遵守多边限制。”③

第二节　美国外交的实用主义传统

美国对待国际机制和全球治理改革的态度因为多种国际和国内因素的限制而显得模棱两可，而美国外交的实用主义传统则强化了这种模棱两可。实用主义思想发端并盛行于美国，它深深根植于美国独特的历史文化。

---

① Michael Mastanduno, “System Maker and Privilege Taker: U. S. Power and the International Political Economy, ”*World Politics*, Vol. 61, No. 1, January 2009.

② 孔祥永、梅仁毅：《如何看待美国软实力》，《美国研究》2012年第2期。

③ ［美］斯图瓦特·帕特里克：《全球治理改革与美国的领导地位》，《现代国际关系》2010年第3期，第55页。

实用主义起源于美国人边疆拓荒的历史与经历，经由皮尔斯（Charles Pierce）、詹姆斯（William James）和杜威（John Dewey）等思想家的总结与提炼上升为哲学思想，指导和塑造了美国人的思维模式和行为方式。美国前国务卿亨利·基辛格曾经说，实用主义是“美国精神”，它培养了美国人的求实作风和进取心。美国的领导是“官僚—实用主义型领导集团”。① 作为一种哲学思想，实用主义“强调人的创造性，要求一切从实际出发，而不是从理论和逻辑出发，把实际效果看作检验一切理论和学说的标准，其目的在于应付生活环境，解决人们在现实生活中所遇到的问题。‘有用即真理’、‘真理即工具’是对实用主义哲学的形象而准确的表达”②。可以说，实用主义者关注的政策和行为的实效，避免受到先天观念或理论框架的束缚。透过实用主义的视角看待现实世界，不仅人们对现实的看法会发生改变，而且用来应对现实的方法也在持续变化，需要视具体情况而定。

作为美国土生土长的哲学思想，实用主义对美国的外交思想和实践都产生了深刻的影响。美国外交学者克

① 转引自许一多：《实用主义：美国外交战略的哲学理念》，《国际论坛》2002 年第 3 期，第 9 页。

② 许一多：《实用主义：美国外交战略的哲学理念》，《国际论坛》2002 年第 3 期，第 7 页。

拉布（Cecil V. Crabb，Jr.）指出，“认真考察二战以来华盛顿历届政府的外交政策可以发现，实用主义概念和思想深刻影响了美国在外交事务上的行为表现。完全可以说，战后美国外交政策的‘连贯性’（consistency）就在于它与实用主义思想的高度一致性。”① 克拉布还指出，实用主义型的美国领导人具有七个特征：一是“缺乏明确的意识形态目的”；二是“行动似乎不受规定分明的道义—伦理原则的指导”；三是“考虑问题只出于近期打算，不在乎长期目标和战略”；四是“利用所能得到的机会试图实现最大的利益或所得”；五是“善于妥协，在争议迭起的环境中达成一致”；六是“灵活变通，能够从经验中吸取教训，善于使自己的观点适应正在变化的现实”；七是“谨慎以智，往往避免极端主义的解决方案”。②

美国外交的实用主义在美国的国际机制政策上留下了深刻的烙印。美国学者马斯坦多诺（Michael Mastanduno）在《美国外交政策与对国际机制的实用主义应用》一文中考察和分析了二战后美国对待国际机制

① Cecil V. Crabb, Jr. *The American Approach to Foreign Policy: A Pragmatic Perspective* (Lanham, MD: University Press of America, 1985), p. xiv.

② Cecil V. Crabb, Jr. *The American Approach to Foreign Policy: A Pragmatic Perspective* (Lanham, MD: University Press of America, 1985), p. 39.

的实用主义立场。二战以来，美国在诸多场合采取多边主义立场，发起并创立了众多国际组织，但是同样引人注目的是，美国也常常诉诸单边主义、双边主义、少边主义以及各种临时性的专门安排。为了解决外交政策中的各种难题，美国的政策制定者创建了形形色色的国际机制和组织。但是，随着形势的变迁，他们会对现有机制做出变动。当某些机制不再服务于美国的狭隘利益时，他们便又会忽视这些机制的存在甚至干脆将其抛弃。因此，“美国的国际机制政策是实用主义的，而非基于原则立场。此处的‘实用主义’指的是美国不同政府的政策制定者关心的是什么有利于美国的国内外政策利益，而不是出于某种伟大蓝图或对某种理念或者理想化的制度设计的特别钟爱。在美国政策制定者眼中，国际机制是治国手段和政治手腕，它们不是美国国家身份的重要组成成分或主要特点。”① 可以说，美国政府在很大程度上将多边主义看作一种权宜之计，发起和创建国际机制的标准是这一机制在当时特定的背景下有利于美国更好地维护和实现国家利益，而不是这一机制本身具有值得

① Michael Mastanduno, “US Foreign Policy and the Pragmatic Use of International Institutions,” *Australian Journal of International Affairs*, Vol. 59, No. 3, September 2005, p. 318.

追求的内在价值。

受实用主义影响，美国的国际机制政策呈现出高度的矛盾心态（ambivalent）和选择性（selective）。就二战之后建立国际机制的功劳来说，没有其他国家可以与美国相比，但是在多边主义问题上也没有其他国家像美国一样如此态度飘忽不定，又处于轻易就能阻挠机制运行的地位，并且屡次采取单边主义行动。借用爱德华·拉克（Edward C. Luck）的表述，“美国对外关系的一个明显特色是这个国家是多边合作的首要拥护者，同时具有讽刺意味的是，它又是多边合作的主要障碍。”①此外，美国对多边主义还表现出高度的选择性。美国如果重视某些国际机制的作用，除了因为这些机制拥有责任分担和合法性功能之外，还有一个重要条件是这些机制允许美国对其议程实施实际的控制，保护美国的行动自由和操作空间，维护美国的主权，并增加美国成功实现政策利益的可能性。②一般情况下，相比于成员囊括全球所有国家的大型国际机制，美国更偏爱由“志同道合”的国

① Edward C. Luck, *Mixed Messages: American Politics and International Organizations, 1919–1999*(Washington, D. C.: Brookings Institution Press, 1999).

② Stewart Patrick, "Multilateralism and Its Discontents: The Causes and Consequences of U. S. Ambivalence," in Stewart Patrick and Shepard Forman eds., *Multilateralism and U. S. Foreign Policy: Ambivalent Engagement*(Boulder, Colo.: Lynne Rienner Publishers, 2002), p. 12.

家组成的更小范围的机制和组织；相对于诸如联合国大会等一国一票的平等机构，美国更倾向于选择安理会、国际货币基金组织等它拥有否决权或加权投票权（weighted voting）等特权的组织。

美国近几届政府的国际机制政策体现出了明显的实用主义。小布什政府时期的国家安全顾问和国务卿赖斯在2000年总统大选期间批评克林顿政府的国际机制政策时所说的一番话，很好地表明了美国政策制定者对待国际机制的实用主义立场，她说："多边协定和多边机制本身不是目的，它们是维护美国利益的手段。"① 小布什执政期间，美国在多边主义问题上发生明显倒退，表现出强烈的单边主义倾向，比如，美国单方面退出国际刑事法院《京都议定书》等，不一而足。按照当时的国务院政策计划司司长理查德·哈斯（Richard Haass）的阐述，小布什政府的多边主义政策是"现吃现点"（à la carte），在美国决定是否参与国际机制前，需要不带感情、实事求是地逐个分析这些机制对美国国家

① Condoleezza Rice, "Campaign 2000: Promoting the National Interest," *Foreign Affairs*, Vol. 79, No. 1, January/February 2000, p. 47.

利益的影响。①

鉴于小布什时期单边主义政策带来的负面影响，奥巴马政府在多边主义立场上发生回归，开始重新重视国际机制的作用。美国外交关系委员会资深研究员斯图亚特·帕特里克2009年10月在《华盛顿季刊》上撰文，为奥巴马政府的国际机制政策献计献策，其建议的核心也是实用主义。“奥巴马政府应当在国际合作问题上采取实用主义立场，选择性地应用两种看似矛盾却又充分互补的多边主义，或者选择‘固定套餐’（prix fixe），利用现有的正式国际组织，或者‘现吃现点’（à la carte），组建志同道合（like-minded）的国家联盟。两种方法各有其内在优势：前者提供长期能力、技术专长和国际合法性，后者带来灵活性、共识基础和果断行动。”②奥巴马政府上台后，采取了以实用主义为特色的外交政策，其“巧实力”外交的特色就是综合利用政治、军事、经济、文化和外交等多种政策手段实现美国国家利益，他

---

① 参见 Stewart Patrick, “Multilateralism and Its Discontents: The Causes and Consequences of U. S. Ambivalence, ” in Stewart Patrick and Shepard Forman eds., *Multilateralism and U. S. Foreign Policy: Ambivalent Engagement* (Boulder, Colo.: Lynne Rienner Publishers, 2002), p. 14。

② Stewart Patrick, “Prix Fixe and à la Carte: Avoiding False Multilateral Choices, ” *The Washington Quarterly*, Vol. 32, No. 4, October 2009, p. 78.

和他的团队一度被称为“实用主义者”。①

美国在二战后之后树立了其在国际事务中的超强地位，并按照自身的利益和意愿对世界秩序实施了全面塑造，将自己置于国际体系的中心地位。冷战结束后，美国的超强地位进一步凸显，迎来了新保守主义者查尔斯·克劳萨默（Charles Krauthammer）所谓的“单极时刻”。② 2001年，克劳萨默对美国的权势做了如下描述：“美国不仅是国际公民。它是支配世界的大国，比罗马帝国以来的任何国家的支配地位都要高。因此，美国处于重塑规范、改变期望和创造新现实的地位。”③ 鉴于美国在当前国际体系中的优势地位，中国学者唐永胜等指出，“对于美国，当今世界仍然是一个靠强权而不是靠法治或合作的世界……多边主义只是一种方式，而非目

① 参见 Harvey Sicherman, “U.S. Foreign Policy after the Elections: Pragmatism, But in What Direction?” BESA Center Perspectives Papers No. 52, December 23, 2008; Christopher Hayes, “The Pragmatist,” *The Nation*, December 29, 2008, pp. 13-16; Anna Dimitrova, “Obama's Foreign Policy: Between Pragmatic Realism and Smart Diplomacy?” May 20, 2011, http://www.culturaldiplomacy.org/academy/content/pdf/participant-papers/academy/Anna-Dimitrova-Obama's-Foreign-Policy-Between-Pragmatic-Realism-and-Smart-Diplomacy.pdf,（2017年12月5日登录）; David Milne, “Pragmatism or what? The future of US foreign policy,” *International Affairs*, Vol. 88, No. 5, 2012, pp. 935-951。

② Charles Krauthammer, “The Unipolar Moment,” *Foreign Affairs*, Vol. 70, No. 1, America and the World, 1990/1991, pp. 23-34.

③ Charles Krauthammer, “The Bush Doctrine,” *Time*, March 5, 2001, p. 42.

的，有时奉行多边主义主要是为了通过争取其他国家的支持，通过平衡在盟国和组织中的力量和领导，以取得更有效的结果，付出更小的代价。”①

第三节　二十国集团峰会的起源：危机应对

二十国集团登上国际舞台源于危机。美国政治学者史蒂芬·克拉斯纳（Stephen D. Krasner）在论述国际贸易体系时指出，国际贸易体系的变化并不与国家间实力分布的变化同步，在新制度和新机制的出现与终结过程中，通常由重要的外部事件起催化作用。美国作为当前国际秩序的构建者，除非遇到一己之力无法控制和解决的重要危机，不会改变现有政策。② 美国政府于 2008 年将二十国集团升格为首脑峰会是其国际经济治理政策的一项重大调整，在这一政策变化中起重要催化作用的则是当年爆发的由美国蔓延至全球的金融危机。考察二十国集团的起源和近年来的发展过程中美国的政策和角色，

① 唐永胜、卢刚：《中美关系的结构性矛盾及其化解》，《现代国际关系》2007 年第 6 期，第 54 页。

② Stephen D. Krasner, “State Power and the Structure of International Trade,” in *Power, the State, and Sovereignty: Essays on International Relations* (London and New York: Routledge, 2009) , pp. 148–149.

可以明显看到实用主义思维的烙印。

美国发起和提升二十国集团是危机应急、顺时而为的政策表现。在实用主义原则的指导下，美国政府对其长期以来依赖七国集团、八国集团实施全球经济治理的政策进行了调整，使其适应变化了的现实。二十国集团的诞生最初源于1997—1998年亚洲金融危机的影响。为了防止发生类似的危机，当时的八国集团意识到有必要组建一个同时包括发达国家和重要新兴经济体的新集团，共同协调经济和金融领域的国际合作，推动国际金融体制改革，促进全球经济的持续稳定发展。二十国集团由此而生，每年定期举行财长和央行行长会议。① 2008年金融危机爆发后，美国和其他发达经济体首当其冲，遭受重大冲击。不论从经济增长率还是失业率等指标衡量，发达经济体陷入危机。与此形成鲜明对照的是，新兴经济体受到此次危机冲击较小，尤其是中国、巴西、印度、俄罗斯等金砖国家在危机期间继续保持了较高的增长率。此长彼消之间，国际权力的分布发生了有利于新兴经济体的变化。美国学者罗杰·奥特曼（Roger C. Altman）

① Deborah Bronnert, "Making Government Policy: The G8 and G20 in 2010," in Nicholas Bayne and Stephen Woolcock, eds., *The New Economic Diplomacy: Decision-Making and Negotiation in International Economic Relations* (Farnhamand Burlington, Vt.: Ashgate, 2011), p. 84.

用了“大崩盘”（Great Crash）一词来形容这次危机，认为对西方世界来说，危机是一次“地缘政治上的挫折”。①

因此，2008年金融危机的爆发不仅使美国维护其主导的国际体系的能力捉襟见肘，而且愈发揭露出继续倚重发达国家为主的八国集团治理全球经济事务所表现出来的代表性、合法性以及执行效力的问题。正是在这一危机背景之下，美国接受了法国和英国的提议，于2008年11月14—5日在华盛顿召开二十国集团会议，将其从原来的财长和央行行长会议升格为首脑峰会。小布什总统在会上提出了继续坚持自由市场经济制度，加强国际合作，适度改革国际金融体制，考虑扩大发展中国家的代表权和表决权，以及抵制保护主义等主张。② 可以看出，美国通过抛出“改革国际金融体系”和“扩大发展中国家代表权”等胡萝卜，期望换取新兴经济体的合作，帮助美国尽快渡过难关，并维护美国主导的国际经济秩序。自此以后，在全球经济治理领域，二十国集团的重要性压倒了七国集团、八国集团。2008年11月20

① Roger C. Altman, “The Great Crash, 2008: A Geopolitical Setback for the West,” *Foreign Affairs*, Vol. 88, No. 1, January/February 2009, pp. 2–14.

② 参见加拿大多伦多大学主办的“二十国集团信息中心”（G20 Information Center）网站，“Remarks made by President George Bush at closing press conference,” Washington, D. C., November 15, 2008, http://www.g20.utoronto.ca/2008/2008bush.html。（2017年12月5日登录）

日《经济学家》杂志一篇文章的标题对此做了最好的注脚——《告别七国集团，迎接二十国集团》。①

奥巴马总统入主白宫之后，金融危机继续发酵恶化。为了纾解困境，争取国际合作，奥巴马在 2009 年 9 月于匹兹堡举行的二十国集团第三届峰会上将二十国集团确立为“国际经济合作主要平台”。美国的这一政策调整甚至还被写进了 2010 年 5 月公布的《国家安全战略报告》，明确指出二十国集团替代八国集团成为国际经济合作主要平台。②

从政策调整的效果看，美国的二十国集团政策带来了重要的实用效果，不仅增强了美国在更广阔的范围内主导秩序重构的合法性，而且也维护和巩固其在现行全球治理体系中的领导地位。

首先，通过倚重代表性更强、覆盖面更广的二十国集团应对金融危机，美国动员了全球资源应付危机，避免了危机的最坏后果，防止了灾难性的全球经济大萧条的出现。在历届二十国集团首脑峰会中，经济复苏和发展一直是会议最重要的主题之一。为了尽快走出危机，

① “Global Governance: Goodbye G7, Hello G20,” *The Economist*, November 20, 2008, http://www.economist.com/node/12652239.

② The White House, *National Security Strategy of the United States of America*, May 2010, pp. 44, 46.

二十国集团的各成员和组织齐心协力，实施了诸如财政刺激方案和向国际货币基金组织注资等旨在刺激经济发展和就业的政策。得益于发达经济体和新兴经济体的共同努力，在不到两年的时间内，世界主要经济体触底反弹，避免了金融危机演变为全球经济危机的危险。

其次，美国主动求变，主导了二十国集团的转型与升级，吸纳新兴经济体加入全球经济治理。这一政策调整在给予这些国家较为平等的地位的同时，不仅让它们承担更大责任，做出更大贡献，而且现行的美国主导的国际经济体系在代表性与合法性上都得到了加强。其实，在如何使美国的对外经济政策跟上时代和形势的变化这一点上，美国国内早有众多呼声。早在1996年里昂七国集团峰会前夕，美国战略家和前国务卿布热津斯基（Zbigniew Brzezinski）就在《纽约时报》撰文呼吁扩大七国集团，接纳中国、印度和巴西等国，他的理由是，七国集团“扭曲了全球格局的现实”，不具代表性。[①] 2006年，布鲁金斯学会学者建议将当时的部长级的二十国集团会议升格为首脑会议，作为对七国集团、八国集

① Zbigniew Brzezinski, “Let's Add to the G-7,” *The New York Times*, June 25, 1996, A11，转引自 Peter I. Hajnal, *The G8 System and the G20: Evolution, Role and Documentation*(Aldershot: Ashgate, 2007), p. 160。

团的扩展。他们认为，美国的全球利益可以通过增强全球发展进程的包容性和有效性更好地得以实现，具体的做法是，“通过将主要的新兴经济体纳入全球治理体系，鼓励它们为解决全球性问题做出建设性贡献，分担工业化国家不能独立承担的全球性挑战。”①

2008年金融危机爆发后，美国将上述建议付诸实践，升格了二十国集团，并于2009年将其确立为“国际经济合作主要平台”。与此相一致，上述2010年的美国《国家安全战略报告》也强调了强化以“权利和责任为基础”的国际秩序。“国际机制必须更有效地代表21世纪的世界格局，让正在崛起的国家享有更大的发言权，同时也承担更大的责任。”②美国学者大卫·米恩（David Milne）在分析美国的二十国集团政策时也指出了其推卸责任的意图。奥巴马总统之所以提升二十国集团的重要性，“不仅仅是为全球权力转移做准备，而且是为了使正在崛起的发展中国家更多地参与对‘全球公共产品’

① Johannes F. Linn and Colin I. Bradford, Jr., “Pragmatic Reform of Global Governance: Creating an L20 Summit Forum,” Brookings Institution Policy Brief 152, April 2006, p. 3.

② The White House, *National Security Strategy of the United States of America*, May 2010, p. 1, 3.

的管理。”①

最后，二十国集团给美国带来的另一个政策效果是，随着新兴经济体加入二十国集团，这一国际机制为美国提供了一个新的机制平台，帮助美国维持影响力和控制权。美国的二十国集团政策即是这一国际机制战略的延续。通过将新兴经济体吸纳入这一机制，美国可以促使这些国家最大程度遵守其所主导创建的各项国际规则，这在一定程度上反而强化和巩固了美国主导的国际秩序。而且，一旦二十国集团开始运转，美国便可以以规则的名义较为自然地将全球经济治理的责任部分地转移到新加入的国家身上。同时，美国也可以利用对这一机制的主导权推行它的治理理念和议程，最大限度地让这一机制服务于美国的利益。关于这一点，在二十国集团的发展过程中将有更多的表现。

第四节　议程主导

与实用主义思想相一致，美国的二十国集团政策追求的是实效，而不是什么抽象的理念。至于美国需要得

---

① David Milne, “Pragmatism or What? The Future of US Foreign Policy,” *International Affairs*, Vol. 88, No. 5, 2012, p. 942.

到什么样的政策实效，我们可以从冷战结束以来美国国际战略的目标中获得启示。在冷战结束后出现的“单极世界”中，美国的目标自始至终都是维护和扩大自身在国际体系中的主导和领袖地位。不论是克林顿时期领导世界的战略还是小布什时期支配世界的战略，美国的这一目标没有改变。[1] 待到奥巴马接手白宫，苦于小布什留下的两场战争和一次金融危机的负面遗产，美国不得不调整支配世界的战略，开始更多地强调与别国接触和合作的重要性。但是，在奥巴马总统的众多演说以及2010年的《国家安全战略报告》中，“领袖”和“领导地位”等一直是高频词，美国重塑和维护自身领导地位的战略目标未曾改变。作为近年来美国国际机制政策的一个重要组成部分，美国的二十国集团政策必然不会脱离这一战略目标。

虽然2008年美国升格二十国集团是出于形势所迫，但是一旦二十国集团这一新机制开始运转，美国便开始握有主动权。美国在二十国集团中的优势明显，“世界第一大经济体”的地位和“美元霸权”等自不待言，与其他发达经济体多年主导和治理国际经济事务的经验和

① 参见朱明权：《领导世界还是支配世界：冷战后美国国家安全战略》，天津：天津人民出版社2005年版。

战略积淀亦是重要的无形资本，具有强大的先发优势。相比而言，新加入的新兴经济体既无国际经济治理的经验，其内部利益和意见也并非完全一致，无法在短时间内提出既实际可行又拥有足够影响力的议程和方案，后发劣势明显。在这样的背景下，美国成为二十国集团的“当然”领袖。因此，美国从一开始就在二十国集团内拥有巨大的结构性权力。自 2008 年二十国集团首届首脑峰会召开以来，美国充分利用了这一权力，其政策的核心是主导该集团的议程，推行于己有利的理念和政策。

首先，美国对二十国集团议程的主导表现在要求二十国集团配合美国的经济复苏计划，实施大规模的财政刺激计划，并在全球经济走出低谷后构筑全球经济合作的新框架。在 2008 年二十国集团首次峰会召开之前，为了应付危机，美国财政部和美联储已联手推出了大规模的金融救援和财政刺激计划，但是这些措施未能阻止危机的发展和蔓延。当年二十国集团的首次峰会为旨在应对金融危机的全球共同行动拉开了序幕。2009 年的伦敦峰会后，各成员联手应对危机的措施便开始落实。各国相继实行财政刺激计划和金融援助计划，同时加强了宏观经济政策的协调。表 3 显示，在金融危机期间，二十国集团主要成员配合美国的刺激计划，也大多实施了大规模的财政刺激计划，为摇摇欲坠的全球经济注入了强心剂。此外，各国还开始向国际货币基金组织和世界银行等多边金融机构注资，提供了总额 1.1 万亿美元的资金。

表 3　金融危机期间二十国集团国家的财政刺激规模

国家	财政刺激规模（亿美元）	占 GDP 比率（%）
美国	9690	6.8
中国	5853	13.3
日本	2975	6.0
德国	805	2.2
沙特阿拉伯	600	12.5
韩国	534	5.6
澳大利亚	470	4.7
加拿大	422	2.8
印度	384	3.2
英国	380	1.4
土耳其	380	5.2
法国	362	1.3
墨西哥	227	2.1
俄罗斯	200	1.2
意大利	168	0.7

续表

国家	财政刺激规模（亿美元）	占 GDP 比率（%）
印度尼西亚	71	1.4
南非	42	1.5
阿根廷	39	1.2
巴西	36	0.2

资料来源：United Nations, *World Economic Situation and Prospects 2010*, p. 20。

当二十国集团主要国家的扩张性财政政策陆续到位之后，美国又开始为今后全球经济合作构筑框架设定目标。在2009年9月的匹兹堡第三次峰会上，美国推出了《强劲、可持续和平衡增长框架》的提议。而在2010年多伦多峰会前夕，时任美国财政部长蒂莫西·盖特纳（Timothy F. Geithner）和美国国家经济委员会（National Economic Council）主任劳伦斯·萨默斯（Lawrence H. Summers）在《华尔街日报》联名发表题为《我们在二十国集团峰会的议程》的文章，为多伦多峰提出三个重点议题：（1）继续保障全球经济复苏；（2）努力建立一个全球金融监管框架；（3）在其他一些对世界未来安全与繁荣至关重要的全球性问题上取得进展。①

在美国要求其他国家提供大规模合作刺激经济复苏的同时，却没有对发展中国家关心的议题做出足够回应。比如，发展中国家普遍担心的危机期间的贸易保护主义问题虽然也成为峰会讨论的话题，但是一直没能成为核心议题，也没有取得实质性成果。相反，美国以恢复经济和创造就业为名，不顾国际社会的反对，在其2009年的《美国复兴与在投资法》中写入“买美国货”的条款，歧视别国产品，公然实施保护主义。

其次，在全球金融危机的起源问题上，美国努力转移视线，将其归结于全球经济失衡，推卸责任，寻找替罪羊。众所周知，2008年全面爆发的全球金融危机源于美国。前诺贝尔经济学奖得主斯蒂格利茨（Joseph Stiglitz）指出，引发金融危机的两个最主要的因素是美国自21世纪初“互联网泡沫”破裂以来一直实施的放松金融管制和低利率政策。② 上文提到在匹兹堡第三次峰会上，美国推出了《强劲、可持续和平衡增长框架》的提议，意在构筑21世纪全球经济合作的目标和框架。

① Timothy F. Geithner and Lawrence H. Summers, “Our Agenda for the G20,” *Wall Street Journal*, June 23, 2010.

② Joseph Stiglitz, “How to Get out of the Financial Crisis,” *Time*, October 17, 2008.

在这个框架中，美国在“平衡增长”这一概念上做文章，将国际金融危机产生的原因归结于全球经济失衡问题。按照这一逻辑，世界上的贸易顺差国需要对经济失衡承担责任。它们需要升值货币，扩大内需，进一步开放市场，以平衡全球经济。

其实全球经济失衡问题并非美国对外经济政策中的一个新概念。二战结束以来，美国曾针对很多国家和地区使用过这一概念，要求对方为平衡全球经济的发展做出贡献，其中最为有名的是20世纪八九十年代的日本和进入21世纪后的中国。① 小布什时期的美国政客和官员一直不遗余力抛出这一概念，将全球经济失衡归因于其他国家的储蓄率过高和货币汇率过低。美联储主席伯克南（Ben S. Bernanke）曾指出，美国经常项目（current account）逆差的原因在于新兴经济体的“储蓄过剩”（savings glut）。②而美国2006年的《总统经济报告》也将美国高居不下的贸易赤字归结于别国的高储蓄率。③ 因此，美国利用全球经济失衡这一概念来推卸自身责任的

① 参见顾国平、梅仁毅：《“两国集团”构想的历史考察》，《美国研究》2011年第4期，第97、101页。

② 转引自“A Survey of the World Economy,” *The Economist*, September 16, 2006, p. 26。

③ The White House, *Economic Report of the President*, February 2006, http://www.gpoaccess.gov/eop/2006/2006_erp.pdf.（2018年7月5日登录）

做法并不新鲜，不同的是原来的因果关系的链条又延伸了一个环节，即，其他国家导致了全球经济失衡，经济失衡又导致了金融危机。

与上面的归因逻辑相一致，美国开始抛出别国货币币值过低论，而人民币成为主要目标。从 2009 年下半年开始，曾在金融危机最严重的时期一度退居幕后的人民币汇率问题又成为中美经贸关系的一个中心议题，美国联邦参议员舒默（Charles Schumer）和格拉汉姆（Lindsey Graham）联名其他参议员提出法案，威胁中国若不让人民币升值，将实施惩罚性关税。而 130 位众议员也于 2010 年 3 月 15 日联名，向当时的财政部长盖特纳和商务部长骆家辉写信，要求将中国认定为“货币操纵国”。①就对二十国集团议程的影响来说，在 2010 年多伦多峰会前，美国便着手分化和拉拢中国周边国家及印度、巴西等新兴大国，组成“国际统一战线”，在二十国集团平台上力促人民币升值。② 2010 年 10 月 20 日，美国财长盖特纳以解决“全球经济失衡”为名向二十国集团的各国财长写信，除了要求顺差国家的货币升值，

① 参见顾国平：《金融危机阴影下的美国对华经贸政策》，《国际论坛》2011 年第 4 期，第 65 页。

② 赵瑾：《G20：新机制、新议题与中国的主张和行动》，《国际经济评论》2010 年第 5 期，第 21 页。

还建议对经常项目顺差或逆差设置量化标准，使其不高于国内生产总值4%。① 在美国的主导和压力之下，到了2010年11月首尔峰会，汇率问题便成为主要议题之一。而盖特纳对中国紧盯不放，2011年2月又在二十国集团财长会议上直接向人民币开炮，认为人民币还是“严重低估”，中国政府调整汇率的幅度太小。②

在美国对别国政府施加压力，迫使其升值货币的同时，美国自身却在金融危机爆发后一直实施量化宽松的货币政策，大量发行美元，输出通货膨胀。虽然国际上反对的声音此起彼伏，但是美国却一如既往，在货币政策上继续其以邻为壑的做法。广东国际战略研究院副秘书长刘继森对此评论道：“美国这种大幅‘放水’无异于‘货币倾销’，放任这些资金流入中国等新兴市场国家，抬高各国汇率，从而帮助自己走出困境，这是一个非常清楚的思路。但美国作为主权国家，各国对其货币政策都没有任何硬性约束的能力。”③

---

① U. S. Department of Treasury, *Dear G-20 Colleagues Letter*, October 20, 2010.

② Liz Alderman, “As G20 Leaders Set Deal, Geithner Criticizes China,” *The New York Times*, February 20, 2011, p. 10.

③ 《G20效应推人民币再创新高　外贸企业不敢接长单》，来源：《南方日报》，人民网，2010年11月12日，http://finance.people.com.cn/GB/13196819.html。(2018年7月5日登录)

最后，在国际金融体系改革的问题上，美国虽然顺应国际经济权力格局的变化做出了一些调整，但是始终没有放弃其主导权。2008 年金融危机以来的国际金融体系的改革主要表现在国际货币基金组织决策结构的调整。考察国际货币基金组织的决策机制可以发现，美国在这一重要的国际经济机制内部具有霸权地位，其主要表现是美国可以通过国际货币基金组织特别重大事项需要 85%多数、而美国所拥有的投票权超过 15%这一事实，单方面否决可能不利于美国的决议草案。

其实，关于国际货币基金组织决策结构的改革在 2008 年金融危机爆发前就已开始，在 2006 年举行的国际货币基金组织新加坡年会上，成员国们一致支持改革国际货币基金组织的治理结构（governancestructure），包括对代表性不足（underrepresented）情况最为严重的中国、韩国和墨西哥等国进行特别增资；修改份额公式，更好地评定各国在国际货币基金组织中所应占的份额；增加基本投票权，保持其在总投票权中的比例等。① 2008 年危机爆发后，国际货币基金组织的改革进一步加快。

① IMF, "Reform of IMF Quotas and Voice: Responding to Changes in the Global Economy," revised March 2008, http://www.imf.org/external/np/exr/ib/2007/041307.htm.（2018 年 7 月 5 日登录）

作为对发展中国家响应美国实施大规模经济刺激计划的回报，同时又为了避免使自己成为国际货币基金组织改革中被斗争的焦点，美国政府同意对国际货币基金组织内的份额和投票权进行重新平衡。在 2009 年二十国集团匹兹堡峰会上，各成员商定了国际货币基金组织治理层面改革的重要步骤：在 2011 年 1 月之前，把至少 5%的份额从代表性过度（overrepresented）的国家转向代表性不足的新兴市场和发展中国家。2010 年 11 月，二十国集团首尔峰会正式确认并兑现了匹兹堡峰会的份额改革承诺。由于欧盟在国际货币基金组织中的投票权接近 40%，远高于其在世界经济中的比重，因此，此次国际货币基金组织投票权转移的目标指向了欧盟。就美国的份额和投票权来说，改革的结果是美国的份额有所增加，从 17.38%上升到 17.43%，投票权从 17.02%下降到 16.50%左右。[①] 但是，按照特别重要事项 85%的规定，美国仍然对国际货币基金组织的重大事务拥有单边否决权。

从实际效果看，在此次国际货币基金组织决策机制的改革中，美国成功地达到了多重目的：不仅保住了自

① IMF, "IMF Quota and Governance Reform: Elements of an Agreement," http://www.imf.org/external/np/pp/eng/2010/103110/pdf.（2018 年 7 月 5 日登录）

己的单边否决权，而且还扮演了发展中国家与欧盟协调人的角色，通过增加新兴市场和发展中国家的份额和表决权，赢得其好感和支持，增加了美国主导的国际金融秩序的合法性，同时又减少欧盟在国际货币基金组织的份额和表决权，削弱欧元对美元霸主地位的威胁。因此，在国际货币基金组织改革中，美国实现了对其金融霸权的策略性调整，是一次成功的外交。①

当然，需要指出的是，美国在二十国集团内主导议程、维护其全球领导地位的企图也遭遇了诸多障碍。鉴于二十国集团内存在于发达国家和新兴经济体之间、同时也存在于发达国家内部的不同的利益诉求，美国凭借其特殊的影响力纵然可以在很大程度上主导峰会的议程，但是，由于遭到其他成员或明或暗的抵制与反对，效果并不理想。在这样的背景下，美国对待国际机制的实用主义传统又开始显露出来。美国开始有意弱化二十国集团的作用，转而寻求其他的机制和方式以更好地实现美国的利益。

以全球贸易体制为例，奥巴马政府一方面仍然与二

① 参见房广顺、唐彦林：《奥巴马政府的二十国集团战略评析》，《美国研究》2011 年第 2 期，第 75 页；宋伟：《IMF 近期决策结构改革及其对中国的影响（2006~2012）》，《国际经贸探索》2013 年第 6 期，第 102 页。

十国集团成员继续就传统多边贸易体制开展磋商，另一方面却开始有意弱化世界贸易组织这样的传统贸易机制，大力推动《跨太平洋伙伴关系协定》和《跨大西洋贸易与投资伙伴关系协定》，努力建立由其主导的新型多边贸易体制。美国希望利用这两个在太平洋和大西洋地区的新型贸易体制突破传统全球贸易体制的束缚，以此制定更加符合美国利益的规范机制。即使是在二十国集团2016年杭州峰会期间，奥巴马也多次推介跨太平洋伙伴关系的优势，强调新的机制不仅符合有关国家的利益，能够提高劳工标准和环境标准，保护知识产权，为美国企业创造公平的竞争环境，还可以鼓励各国实施结构性改革，重振各国经济。①

第五节　特朗普政府与二十国集团

特朗普上台后，坚持“美国优先”原则，更强调本土利益，经济上采取保护主义措施，以公平贸易为借口发动对其他国家的反倾销反补贴调查，企图转移国内经济矛盾；对外政策上则呈现出单边主义的倾向，上台伊

① 参见王联合、耿召：《美国对G20的认知与政策反应：以G20杭州峰会与汉堡峰会为例》，《国际观察》2018年第2期，第118页。

始便宣布退出《跨太平洋伙伴关系协定》《巴黎协定》和联合国教科文组织等多个多边机制。相比奥巴马时代，特朗普政府对于参与多边机制与全球治理的兴趣明显下降，整体呈战略收缩态势。这在其对待二十国集团相关议题的态度上也有着明显的表现。

特朗普对二十国集团的态度及政策主要表现在 2017 年在德国汉堡举行的二十国集团领导人峰会上。2017 年的汉堡峰会依旧把促进可持续发展作为重点，在杭州峰会“构建创新、活力、联动、包容的世界经济”理念的基础上，把“塑造联动世界”作为主题，主要关注三个问题：建立经济韧性、促进可持续发展和承担责任（building resilience，improving sustainability and assuming responsibility），力求在推动自由公平贸易，应对气候能源问题，发展数字化经济，解决钢铁产能过剩问题和打击恐怖主义等方面达成共识。特朗普政府与二十国集团的互动与分歧也主要表现在这几个方面。

一、贸易

在贸易问题上，汉堡峰会主要针对逆全球化，提出反对贸易保护主义，倡导贸易自由化。然而以美国优先为原则的特朗普政府则打着公平贸易和对等贸易的旗号，在贸易问题上实行保护主义政策，这与二十国集团所提倡的“建立开放型世界经济”的理念不符。因此，通过协商，二十国集团成员在自由贸易与公平贸易间达成妥协，提出了“以自由贸易为前提，同时积极提升贸易公平性和共赢性”。此次汉堡峰会的《二十国集团领导人宣言》（“G20 Leaders' Declaration”）中写道：“我们将继续保持市场的开放，注意到对等、互惠的贸易与投资框架以及非歧视原则的重要性，并继续反对保护主义，包括所有不公平的贸易措施，同时承认合法贸易救助措施的作用。”① 与以往鲜明反对贸易保护主义的立场有所不同，这次宣言添加了对公平、对等贸易的表述，强调公平性和共赢性，虽然反对保护主义，却又承认合法贸易救助措施的昨日，明显带有美国色彩。这显然与特朗普政府的“努力”有关。

此外，汉堡宣言强调基于规则的国际贸易体制的关键作用。“我们注意到双边、区域和多边协定保持开放、透明、包容、与世贸组织规则相一致的重要性，承诺努

① G20 Germany 2017, “G20 Leaders' Declaration: Shaping an Interconnected World,” July 8, 2017, Hamburg, http://www.g20.utoronto.ca/2017/2017-G20-leaders-declaration.html.（2018 年 7 月 5 日登录）

力保证其对多边贸易协定起到补充作用。”[①] 而相对来说，特朗普政府似乎对于维护多边贸易体制的兴趣不大，对全球经济治理的投入明显减少，呈现战略收缩态势。由于成本等问题，特朗普政府并不愿意遵守多边规则，甚至直接选择退出，转而求诸双边和区域性协定来推进美国的对外经济利益。美国政府曾公开贬低世界贸易组织、联合国等国际组织，例如，美国贸易代表办公室（USTR）向国会提交《2017 年总统贸易政策议程和 2016 年年度报告》，主张美国可忽视世界贸易组织的争端裁决结果。[②] 这将增加美国同其贸易伙伴之间的贸易摩擦，并有损二战以来建立的以世界贸易组织为核心的多边贸易体系。

二、气候

在气候问题方面，《巴黎协定》作为《京都议定书》的后续条约，是应对全球气候问题的共识性文件。中美

---

① G20 Germany 2017, "G20 Leaders' Declaration: Shaping an Interconnected World," July 8, 2017, Hamburg, http://www.g20.utoronto.ca/2017/2017-G20-leaders-declaration.html.（2018 年 7 月 5 日登录）

② Office of the United States Trade Representative, *2017 Trade Policy Agenda and 2016 Annual Report of the President of the United States on the Trade Agreements Program*, March, 2017, pp. 2 - 3, https://ustr.gov/sites/default/files/files/reports/2017/AnnualReport/AnnualReport2017.pdf.（2018 年 7 月 5 日登录）

两国在2016年二十国集团杭州峰会期间曾一起提交了加入《巴黎协定》的批准文书，就气候变化问题达成共识。奥巴马政府还制定了在2025年排放水平比2005年下降26%—28%的目标，从2013年6月开始实施了《总统气候变化行动计划》，以应对气候问题（相关内容在第六章有展开论述）。然而特朗普的上台给全球气候治理带来了更多的不确定性。自从2017年1月20日正式就任美国总统以来，特朗普针对美国的能源问题采取了一系列举措：他先是在对内阁洗牌时任命多位有能源企业背景的成员，紧接着在1月21日颁布了《美国优先能源计划》，撤除了奥巴马时期的《总统气候变化行动计划》，又在接下来几天内宣布重启输油管道项目；2月16日废除《溪流保护计划》，接下来大幅削减气候变化相关的经费预算；3月28日签署能源独立执行令，撤销奥巴马政府时期的气候变化政策，并进一步扩大美国离岸能源开采范围……这些举动为2017年6月1日正式宣布退出《巴黎协定》做出了铺垫。

特朗普政府认为已经达成的《巴黎协定》对美国并不公平。《巴黎协定》要求发达国家在2020年之前每年筹集1000亿美元作为“绿色气候基金”（Green Climate Fund），此后到2025年每年向发展中国家提供1000亿美元援助。特朗普政府认为，美国不应该在气候行动上承担如此多的责任，认为这是将美国的财富，重新分配到其他国家。他认为："《巴黎协定》真正目的是损害美国经济。如果坚持《巴黎协定》，意味着到2040年，美国将损失超过3万亿美元GDP和650万个工作机会。"① 另外，他还声称《巴黎协定》对于应对全球气候问题所起的作用非常微小。

二十国集团汉堡峰会的领导人宣言反映出了美国与其他19个成员的分歧。除美国外的其他成员都坚持《巴黎协定》不可逆，强调了他们继续推进联合国气候协定的决心。最后，汉堡峰会没能在《巴黎协定》问题上达成一致，只是同意将《二十国集团汉堡气候和能源增长行动计划》作为峰会领导人宣言的附件，按照各自国情，建立可负担、可持续、温室气体排放水平较低的新能源体系。②

---

① "Full Transcript: Trump's Paris climate agreement announcement," *CBS News*, June 1, 2017, https://www.cbsnews.com/news/trump-paris-climate-agreement-withdrawal-announcement-full-transcript/.（2018年7月5日登录）

② "G20 Hamburg Climate and Energy Action Plan for Growth," July 8, 2017, Hamburg, http://www.g20.utoronto.ca/2017/2017-g20-climate-and-energy.html.（2018年7月5日登录）

三、数字化

在发展数字化经济方面，特朗普政府与二十国集团存在着共同利益，都承认数字化是全球经济增长的新动力。习近平总书记在汉堡峰会上表示，“我们要共同为世界经济增长发掘新动力。这个动力首先来自创新。研究表明，全球95%的工商业同互联网密切相关，世界经济正在向数字化转型。我们要在数字经济和新工业革命领域加强合作，共同打造新技术、新产业、新模式、新产品。”①

自美国2016年针对数字经济相关议题成立了咨询委员会以来，美国政府一直鼓励发展数字化。特朗普于2017年5月签署一项行政命令，成立了美国科技委员会（American Technology Council），它的目标是让政府数字化服务顺利过渡，变得更加现代化。

汉堡峰会提出要发挥数字化潜力，认为，“数字化转型是实现全球化、创新、包容和可持续增长的驱动力，

---

① 习近平：《坚持开放包容，推动联动增长——在二十国集团领导人汉堡峰会上关于世界经济形势的讲话》，新华网，2017年7月7日，http://www.xinhuanet.com/world/2017-07/08/c_1121284462.htm。（2018年7月5日登录）

有助于减少不平等，实现 2030 年可持续发展议程目标。”[①] 2017 年 4 月 6 日至 7 日，二十国集团在德国杜塞尔多夫召开以数字经济为主题的部长级会议。会议就如何最大限度地发挥数字化优势达成一致并发表宣言，强调信息通信技术（ICT）作为当今数字经济支柱的重要性，并发布了宣言以及三个附件文件，分别是关于保护发展数字化的路线图、数字技术的职业教育和培训、二十国集团数字贸易的优先领域。其中，《二十国集团数字化路线图》为诸如改善网络接入、扩大数字化基础设施、支持创新和消除数字鸿沟等关键问题的解决勾勒出了发展方向。

四、钢铁过剩

在钢铁产能过剩问题上，各方的博弈相当激烈。特朗普在汉堡峰会召开前称，中国、德国等一些国家钢铁产能过剩以及对美国的钢铁倾销导致美国的钢铁厂商大量倒闭，正在威胁美国工业以及应对安全需求的能力。因此，美国要援引 1962 年的《国家安全法案》，对钢铁行业进口实施全面关税。针对此种情况，汉堡宣言紧急

① 朱杰进：《G20 汉堡峰会：分歧、化解路径及启示》，《当代世界》2017 年第 8 期，第 24 页。

呼吁政府和相关部门取消导致全球钢铁市场扭曲的各种补贴和其他形式的支持。每个成员方都承诺将采取必要的行动达成集体的解决方案，营造真正公平的竞争环境，发挥2016年杭州峰会成立的“钢铁产能过剩全球论坛”的作用，对钢铁产能过剩的全球论坛提出的目标，制定具体的行动要求和明确的时间表，包括在当年8月之前改善钢铁产能方面的信息分享和合作，并且在11月之前形成一个能实质性减少钢铁产能的政策方案报告。①

然而，这并没有阻止美国在钢铁领域发起的贸易争端。2018年3月9日，特朗普正式签署关税法令，对进口钢铁和铝分别征收25%和10%的关税。除此之外，又对美国进口的商品进行多起反倾销调查，这严重损害了美国与其贸易伙伴如中国、加拿大、墨西哥以及欧盟的关系，威胁了世界经济的稳定发展，不利于全球经济治理。

五、反恐

在反恐问题上，由于近年来全球恐怖主义运动肆虐，

---

① G20 Germany 2017, “G20 Leaders’ Declaration: Shaping an Interconnected World,” July 8, 2017, Hamburg, http://www.g20.utoronto.ca/2017/2017-G20-leaders-declaration.html.（2018年7月20日登录）

反恐这个议题得到了包括美国在内的二十国集团成员的普遍重视。在汉堡峰会开始前的领导人座谈会上，二十国集团发布了《二十国集团领导人汉堡峰会反恐声明》，把打击恐怖主义当作重点议题，确保执行金融行动特别工作组的建议，打击恐怖主义非法融资洗钱活动。①

打击恐怖主义一直是美国政府对外政策的一项重要考虑。特朗普也曾明确表示要打击伊斯兰国。特朗普上任伊始，便签署“阻止外国恐怖分子进入美国的国家保护计划”行政令（即旅行禁令，民间称“禁穆令”），要求禁止来自伊朗、伊拉克、叙利亚、利比亚、索马里、苏丹和也门七国的公民入境，暂停美国难民接收项目，并无限期暂停接收叙利亚难民，以防引入“特洛伊木马”。同时特朗普政府加强反恐执法，2018 年联邦政府预算大幅增加对边境安全、打击非法移民和反恐执法的投入。特朗普本人还表示会考虑恢复水刑等“高强度审讯技术”，并提出将恐怖袭击嫌犯送进关塔那摩监狱。

总体来说，特朗普政府对于以往奥巴马致力于重塑多边贸易机制并不感兴趣，他认为多边体制不利于达成

① “The Hamburg G20 Leaders’ Statement on Countering Terrorism,” July 7, 2017, Hamburg, http://www.g20.utoronto.ca/2017/170707-counterterrorism.html.（2018 年 7 月 20 日登录）

预期结果，因而转向双边对话来谋求实际利益。因此，在二十国集团相关议题的讨论中，美国的积极性有所下降，对与全球治理的兴趣不高。另外，受“美国优先”思想的影响，特朗普政府在对外政策中展示出明显的实用主义和保护主义，关注本土利益而非全球利益，不愿为遵守国际秩序而损害自身利益。虽然，汉堡峰会上美国与二十国集团其他成员虽然就某些问题达成了共识，但双方依旧在贸易和全球治理上存在着不可忽视的分歧。因此，特朗普政府时期的美国在二十国集团中的地位和作用以及对于相关议题的看法仍具有很大的不确定性。

第六节　小结

综上所述，从二十国集团的成立到发展，美国的政策体现出了浓厚的实用主义精神。美国之所以发起二十国集团，是因为这一机制在金融危机的背景下能够带来美国凭一己之力或传统的以西方为核心的七国集团、八国集团所无法实现的政策实效。美国将新兴市场国家吸纳入二十国集团，得以动员全球的力量为经济复苏做出努力，避免了陷入全球性经济危机的危险。美国的这一政策也体现了一种开放灵活的态度。在不影响美国自身制度下霸权的前提下，承认世界经济权力向发展中国家转移的趋势，接纳新兴市场国家参与全球经济治理，使自己的观点和政策适应正在变化的现实。美国对二十国集团政策的实用主义更是体现在美国在其金融霸权的策略性调整中，利用所能得到的机会试图实现其最大的利益或所得。美国不囿于先天观念或理论框架的实用主义使其在危机中能够及时做出反应，基于其国际体系构建者的身份和特权以及长期以来积累的战略素养，化被动为主动，最大限度地主导了二十国集团的议程，维护了自身的利益。

就二十国集团的发展前景来说，前文第三章提到的该集团本身的凝聚力、领导力和执行力问题，成员间相互的政治意愿以及集团外国家对该集团提出的合法性质疑等固然都是重要因素，但是美国的立场和政策仍然至关重要。从美国政策的实用主义特点来看，影响二十国集团今后发展的一个重要因素是美国对该集团是否能够为美国带来利益最大化的认知。加拿大学者肖逸夫（Yves Tiberghien）早在二十国集团2010年首尔峰会召开之际就曾指出，美国对新兴的治理机制的兴趣在于，“不会加快发达国家向新兴国家的权力转移……如果二十国集团不能维护美国的利益并成为‘后美国霸权治理’的工具，美就会越来越想忽视或贬低二十国集团。”① 因此，当短期内美国借助二十国集团的平台动员全球资源促进经济复苏的目标达到之后，美国的长期目标将转向二十国集团能否帮助其维护和巩固其在现行全球体系中的领导地位。而当美国的这一目标在二十国集团内难以实现时，美国又转而寻求其他的方式来促进这一目标的实现。不论是奥巴马政府后来对《跨太平洋伙伴关系协定》和《跨大西洋贸易与投资伙伴关系协定》的推崇，还是特朗普政府绕开二十国集团和世界贸易组织谋求传统的双边自由贸易安排，都是美国努力维护其全球领导地位的表现。

---

① Tiberghien, Yves, "Global Power Shifts and G20: A Geopolitical Analysis at the Time of the Seoul Summit," Paper presented at the 12th Smart Talk Forum, 2010, pp. 11 - 13, http://faculty. arts. ubc. ca/tiberg/Working% 20paper/Tiberghien, % 20Yves. % 20Global% 20Power% 20Shifts% 20and% 20G20% 20A% 20Geopolitical% 20Analysis%20at%20the% 20Time% 20of% 20the% 20Seoul% 20Summit. pdf. （2017年12月20日登录）

第五章

中国的二十国集团政策

作为二十国集团内最大的发展中国家，中国积极参与和推动二十国集团的进程。中国认可该集团作为全球经济治理主要平台的作用，不仅国家领导人予以高度重视，而且每次都针对不同的议题提出了自己的观点和立场。中国学术界对二十国集团表现出了极大的兴趣，学者们围绕二十国集团的地位与议程进展、成员的二十国集团战略与政策、中国的角色与作用等话题展开热烈讨论。本章所关注的是中国在二十国集团平台上的主张与行动及其调整变化。笔者首先从历史的视角考察中国参与国际经济组织的立场和实践，为接下来分析中国在二十国集团内参与全球经济治理做一个历史的铺垫。中国参与国际经济治理经历了一个从被排斥到逐渐参与但处于边缘地位，再到积极参与发挥重要影响力的过程。接下来，笔者基于中国国家主席在历届二十国集团峰会上的发言解读中国的主张和行动，同时结合国际形势的变化与二十国集团机制化进程的发展，分析中国二十国集团政策的调整变化。

对于中国在二十国集团中的角色，国内外学术界一直存在争论。前引加拿大多伦多大学教授约翰·柯顿将这些争论分为四派：第一派把中国视为一位“搭便车者”；第二派认为中国是现有国际秩序的挑战者；第三派认为中国应“另起炉灶”，构建一个新的国家集团，实施更好的全球治理；第四派认为中国是二十国集团首脑峰会中的一个积极合作者和改革者。① 本章基于对中国在二十国集团框架内的实际主张和行动的解读，认为中国是集团事务的积极参与者、建设者和改革者，同时也是受益者。② 中国积极参与二十国集团机制化进程，并在2008年金融危机爆发之初，与国际社会步调一致，积极合作，推出宏大的经济刺激计划，为遏制危机蔓延，刺激全球经济复苏，发挥了一个负责任的发展中大国的作用。中国还在改革国际金融体系和货币体系，反对保

① 约翰·柯顿：《G20治理下的未来：成果、展望、预测及中国在其中扮演的角色》，载中国人民大学重阳金融研究院主编：《谁来治理新世界：关于G20的现状和未来》，北京：社会科学文献出版社2014年版，第180页。

② 学者庞中英认为中国在全球治理中的作用有四个：参与者、改革者、建设者和协调者，参见庞中英：《全球治理的中国角色》，北京：人民出版社2016年版，第58页。

护主义，推动可持续的包容性的绿色增长，以及能源、反腐、气候变化等议题上积极提出自己的方案，努力推动国际经济体系向着公平公正的方向迈进。

第一节　中国与国际经济治理

学者王逸舟将中国与国际组织关系的演变概括为“从拒绝到承认、从扮演一般性角色到争取重要位置、从比较注重国内需求到更加兼顾国际形象”的曲折过程。[①] 中华人民共和国成立以来，中国与国际组织的关系大体上可以划分为三个阶段。

第一个阶段从1949年新中国成立到1971年，中国被排除在以美国为主导的国际组织之外。由于意识形态和中国“一边倒”外交方针的双重影响，中国受到以美国为首的西方世界的封锁和孤立，被长期排斥于联合国体系和布雷顿森林体系之外。而中国当时也将国际组织都视为被西方操纵的工具，再加上中国在联合国的合法席位长期被台湾当局占据，因此，中国几乎隔绝于当时所有的世界性国际组织。

---

① 王逸舟：《磨合中的建构：中国与国际组织关系的多视角透视》，北京：中国发展出版社2003年版。

第二个阶段是1972年到1989年，中国与国际组织的关系进入一个新阶段。随着中国在联合国合法地位的恢复，特别是在20世纪70年代末中国改革开放进程的全面铺开，中国对国际组织的政策也发生了迅速的变化。中国与国际组织展开了更加积极和具有建设性的合作，利用国际组织融入国际社会。1980年，中国正式恢复了在国际货币基金组织和世界银行的席位，更加注重利用国际经济组织的作用，积极参与国际组织和多边合作，并以此作为获取资金和技术的一个重要途径。

第三个阶段是1989年至今。中国与国际组织的关系进入了一个全新的发展时期，中国开始全面深入参与当今世界上几乎所有重要的国际组织，并逐渐走进全球经济治理的中心。2001年，经过多年的谈判，中国正式成为世界贸易组织的成员。在中国成为布雷顿森林体系三大机制的新成员后，基本上持积极的合作态度，支持以这些机制为平台开展国家间的经济协调与合作。表4勾勒出了中国在参与全球治理的过程中从外围走向中心的主要事件。

表 4　中国从全球治理的外围走向中心

国际组织成立时间	全球治理核心机制	中国参与情况
1945 年	联合国	1971 年恢复在联合国的合法席位
1945 年	国际货币基金组织、世界银行	1980 年恢复正式席位
1976 年	七国集团	未加入
1995 年	世界贸易组织	2001 年加入
1999 年	二十国集团部长级会议	成员
2005 年	八国集团峰会中“G8+5 对话会”	成员
2005 年	二十国集团北京财长和央行行长会议会议	东道国
2008 年	二十国集团峰会	成员
2016 年	二十国集团杭州峰会	主席国

资料来源：作者根据如下材料整理：王逸舟：《磨合中的建构：中国与国际组织关系的多视角透视》，北京：中国发展出版社 2003 年版；加拿大多伦多大学主办的“二十国集团信息中心”（G20 Information Center）网站，http://www.g20.utoronto.ca/。

在七国集团成立之后的前二十年，中国与该集团基本没有交集。一方面是因为中国作为发展中国家的地位，而且当时中国的经济实力与全球影响力还不够强大，还没有进入七国集团国际经济协调的视线范围；另一方面是由于七国集团的封闭性质，正如一位参加过七国集团峰会的成员国前高级官员指出的那样，“七国集团成员架构提供一个使得欧洲、北美和日本等发达国家相互交流和施加压力的最好平台，如果这个结构被打破的话，平台就丧失了。”① 中国与七国集团的接触在 20 世纪 90 年代逐渐增多。新兴国家的崛起正逐渐改变世界经济的格局，再加上冷战结束后全球经济一体化的迅猛发展带来了一系列的全球问题，传统的全球经济治理体系遇到越来越大的挑战，治理困境日益显露，吸纳新兴国家参与全球经济治理与协调的主张得到了学界和政界越来越多的回应。鉴于当时中国经济的强劲增长，以及在亚洲金融危机中的表现——不仅保持人民币不贬值，还通过国际机构和双边机制援助受到冲击的东南亚国家，中国的作用日益引起国际社会的重视。不少人开始考虑中国作为七国集团（1998 年俄罗斯加入后该集团当时已成为八国集团）潜在成员国的可能性了。美国著名经济学家弗雷德·伯格斯滕 1998 年指出，根据当年世界银行的估

① 转引自［加拿大］彼得·哈吉纳尔：《八国集团体系与二十国集团：演讲、角色与文献》（朱杰进译），上海：上海人民出版社 2010 年版，第 60 页。

计，“中国将在世界经济中发挥越来越重要的作用。因此，中国必须在全球经济的管理中发挥越来越重要的作用……中国应该很快就会参加七国集团财长和央行行长会议。”① 与此相一致，中国开始收到八国集团的参会邀请。1999 年，德国前总理施罗德首次邀请中国参加八国集团会议，2000 年，日本前首相小渊惠三再次邀请中国参加冲绳峰会对话。

就中国自身而言，随着经济的快速增长与全球影响力的日益提高，中国参与全球经济治理与协调的能力和意愿也日益增强，但是在与七国集团、八国集团进行接触的问题上表现较为谨慎。余永定指出了中国在接触七国集团、八国集团时身份与责任方面的担忧。中国是发展中国家，而七国集团、八国集团是西方发达国家组成的“排外性俱乐部”，中国并不渴求进入该集团机制，并承担与“自身实力不符的责任”。② 在亚洲金融危机后，中国虽然加强了与七国集团、八国集团在国际金融领域的对话与合作，但不加入该集团，仍然坚持以国际

① Fred Bergstein, “The New Agenda with China,” *Policy Briefs 98-2*, Peterson 3 Institute for International Economics, May 1998, https://www.piie.com/publications/policy-briefs/new-agenda-china.（2018 年 7 月 30 日登录）

② 余永定：《崛起的中国与七国集团、二十国集团》，《国际经济评论》2004 年第 5 期，第 9—12 页。

货币基金组织、世界银行等正式的国际机制为主协调全球经济关系。中国官方多次表态无意参加七国集团、八国集团峰会在内的活动，拒绝了前述德国与日本发出的邀请。2003 年，法国埃维昂的八国集团峰会的“扩展会议”邀请了包括中国在内的 12 个发展中国家领导人，以及联合国秘书长、世界银行行长、国际货币基金组织总裁和世界贸易组织总干事；中国首次参与了八国集团南北领导人非正式对话会议的讨论，与参会发展中国家领导人一起共同参与了国际重大经济问题的讨论。2005 年，中国参加了英国格伦伊格尔斯八国集团峰会中的（G8+5）对话会①，国家主席胡锦涛参与对话会并发表题为《携手开创未来推动合作共赢》的讲话，表明了中国愿意推动国际金融体制改革、促进国际合作共赢的姿态。② 此后，“G8+5”机制逐渐常态化，直至 2008 年二十国集团峰会的召开。

二十国集团的出现为中国参与国际经济治理提供了一个较为理想的平台。对于中国而言，随着经济实力的

---

① 五国包括中国、印度、巴西、墨西哥和南非。

② 参见［加拿大］彼得·哈吉纳尔：《八国集团体系与二十国集团：演讲、角色与文献》（朱杰进译），上海：上海人民出版社 2010 年版，第 63—64 页；任嘉：《中国在国际经济协调机制演进中的角色与挑战》，载杨力主编：《二十国集团发展报告（2012）》，上海：上海人民出版社 2013 年版，第 355 页。

增长，中国参与国际经济治理、提供全球公共产品的能力和意愿都在增长。但是，中国希望参与的方式能够符合自身发展中国家的定位，因此，中国对参与国际经济治理与合作的平台需要有一个选择。中国之前拒绝参与七国集团峰会的邀请，就是出于这样的考虑。就国际经济治理而言，二十国集团是第一个发达经济体和新兴经济体可以在相对平等的地位上开展对话的平台，也为中国提供了以发展中国家的身份参与治理的比较理想的渠道。正如有的学者所言，二十国集团的“出现就好像是给期望与 G7（G8）集团进行更密切合作而又不想现在就成为其一部分的中国政府一个适时的礼物”①。因此，在二十国集团部长级会议最初召开和后来升级为领导人峰会之际，中国收到邀请后都欣然接受并加入。

第二节　中国在二十国集团的主张与行动

中国政府从一开始就积极参与并明确支持二十国集团。自 1999 年开始，中国参加了所有的二十国集团年度财长和央行行长会议。2008 年二十国集团峰会之前，中

① 余永定：《崛起的中国与七国集团、二十国集团》，《国际经济评论》2004 年第 5 期，第 11 页。

国亦是积极配合。根据美国时任财长保尔森（Henry M. Paulson）的记述，2008 年，美国总统小布什向二十国集团领导人发出参加峰会的邀请时，中国国家主席胡锦涛是所有受邀国家元首中第一位接受邀请的，虽然当时会议的具体时间和地点尚未确定。① 此后，从胡锦涛到习近平，中国国家主席不仅出席了全部峰会，而且在会上发表了一系列重要讲话，阐明了中国对全球经济治理的立场，并提出了一系列应对危机和促进发展的重要主张。

细读中国国家主席在二十国集团峰会上的讲话和发言可以看出，中国政府的主张和行动主要集中于以下几个领域：经济复苏与发展、国际金融体系改革、对发展中国家利益的关照以及反对贸易保护主义。

第一，中国政府主张促进全球经济复苏和可持续发展，并为之做出了重大贡献。2008 年二十国集团首次峰会的召开正值全球金融危机愈演愈烈、深度蔓延之际，因此，防止危机恶化、刺激经济复苏是各国的共识。2009 年后，虽然全球经济开始复苏，但是经济形势好转的基础并不牢固，不确定因素仍然突出，诸如经济增长

---

① Henry M. Paulson, *On the Brink: Inside the Race to Stop the Collapse of the Global Financial System* (New York: Grand Central Publishing, 2010), p. 375.

乏力、全球总需求不足、一些国家主权债务问题突出和国际贸易增速回落等问题一直困扰着全球经济。二十国集团峰会上的危机议题和复苏议题直接反映在中国国家主席的峰会发言中。在二十国集团第一、二、三、六、七次峰会上，促进经济复苏和增长都是胡锦涛主席发言中的首要主张，足见中国政府对促进经济复苏和发展的重视。

中国政府更是以实际的行动来兑现促进经济增长的承诺。在二十国集团第一次峰会召开前的2008年11月5日，温家宝总理主持召开国务院常务会议，宣布中国将采取十大措施，在未来两年内投资4万亿元以刺激经济。[①] 胡锦涛主席在11月15日的峰会发言上，也向各国介绍了中国的这一刺激计划。按照联合国的统计，这一刺激规模占到当时中国GDP的13.3%（见表3），为全球之最。中国政府的经济刺激计划产生了明显的积极作用，正如胡锦涛主席在二十国集团第二次峰会上所言，“中国为应对国际金融危机冲击采取的一系列举措不仅对本国经济、而且对区域经济乃至世界经济都将产生积

① 《应对金融危机一周年，“一揽子计划”回眸与展望》，中国政府网，2009年11月5日，http://www.gov.cn/jrzg/2009-11/05/content_1456910.htm。（2017年12月20日登录）

极影响。”①

第二，中国主张推动国际金融体系改革，加强金融监管，建立公平、公正、包容、有序的国际金融体系。现行的国际金融体系由美国、欧洲和日本等主导，作为体系的建构者，这些国家享受着诸多体系特权。② 随着新兴经济体的崛起，原来包括金融体系在内的全球经济治理体系越来越呈现出代表性和合法性的不足。而且，2008 年的国际金融危机在很大程度上也要归咎于现行金融体系中的固有缺陷。巴西总统卢拉在 2009 年 6 月首次金砖国家峰会上就直言不讳地指出了全球治理中的“破碎的范式和失效的多边机构”，主张对全球治理进行创新。③ 因此，国际金融体系的改革不仅反映广大发展中国家的共同诉求，也有助于未来预防金融危机的再次发生。

中国政府改革国际金融秩序的主张和诉求主要体现

---

① 《胡锦涛在二十国集团领导人第二次金融峰会上的讲话（全文）》，中华人民共和国外交部网站，2009 年 4 月 3 日，https://www.fmprc.gov.cn/web/gjhdq_6 76201/gjhdqzz_681964/ershiguojituan_682134/zyjh_682144/t555762.shtml。（2017 年 12 月 20 日登录）

② Michael Mastanduno, “System Maker and Privilege Taker: U.S. Power and the International Political Economy,” *World Politics*, Vol. 61, No. 1, January 2009.

③ Luiz Inacio Lula da Silva, “At Yekaterinburg, The BRICs Come of Age,” *The Hindu (Chennai)*, June 16, 2009.

在三方面。一是对国际货币体系的改革，建议扩大国际货币基金组织特别提款权使用并改善其货币篮子组成，建立币值稳定、供应有序、总量可调的国际储备货币体系。二是对国际金融组织的改革，主张提高国际金融机构负责人遴选程序的透明度和合理性，增加发展中国家代表性和发言权；赞同增加国际货币基金组织资源，提高其应对危机和紧急救助能力；并督促落实国际货币基金组织 2010 年份额和治理改革方案。三是加强国际金融监管。

第三，维护发展中国家利益，推动发展议题。作为最大的发展中国家，对发展中国家利益的关照始终贯穿着中国国家主席在二十国集团峰会上的发言。与发达国家相比，这是最能体现中国的不同主张的地方。首先，对发展中国家的扶助是一种责任。二十国集团汇集了全球大型经济体，成员国内生产总值占世界的 85%，但是其他发展中国家超过世界国家总数的 85%，不能忽视他们的发展诉求。正如一些有见识的学者指出的那样，二十国集团不应像七国集团、八国集团那样成为某些国家“独治、独有、独享”的俱乐部，而应成为一个“虽由 20 个大国治理，但是为全球共有共享”（by the top 20, but of and for all）的治理网络。① 其次，帮助发展中国家也是帮助二十国集团自己。二十国集团外的广大发展中国家是世界经济不可或缺的组成部分，“要真正实现世界经济长期持续增长，必须帮助广大发展中国家实现充分发展，缩小南北发展差距。”② 发展中国家也受到国际金融危机的强力冲击，而且相对于大型经济体，其克服危机所面临的困难更大。因此，二十国集团应该为解决发展问题提供更强政治动力、更多经济资源、更好制度保障。“发达国家应该切实兑现官方发展援助承诺、开放市场、减免债务，加大对发展中国家的资金和技术支持，提高发展中国家自我发展能力。世界银行、国际货币基金组织等国际金融机构的资源应该优先用于帮助发展中国家尤其是最不发达国家。”③

除了在峰会上主张和呼吁外，中国政府同样以切实的行动落实对发展中国家的扶助。就第四次和第六次二

① Andrew F. Cooper and Ramesh Thakur, *The Group of Twenty (G20)* (London and New York: Routledge, 2013), p. 135.

② 《胡锦涛在20国集团领导人第四次峰会上的讲话（全文）》，中国政府网，2010年6月27日，http://www.gov.cn/ldhd/2010-06/27/content_1639029.htm。（2017年12月20日登录）

③ 《胡锦涛在20国集团领导人第四次峰会上的讲话（全文）》，中国政府网，2010年6月27日，http://www.gov.cn/ldhd/2010-06/27/content_1639029.htm。（2017年12月20日登录）

十国集团峰会上胡锦涛主席向大会介绍的截至2010年年底的中方扶助清单看，主要包括：在向国际货币基金组织增资500亿美元时，明确要求将资金优先用于最不发达国家；同有关国家和地区签署了总额达6500亿元人民币的双边货币互换协议，共同应对国际金融危机冲击；向东盟国家、上海合作组织其他成员国和非洲国家分别提供150亿美元、100亿美元和100亿美元的信贷支持；① 通过双边渠道累计向最不发达国家提供粮食援助共计约43亿元人民币，宣布向受旱灾和粮食危机困扰的非洲国家提供总计5.332亿元人民币的紧急粮援；帮助发展中国家建设基础设施项目632个；对同中国建交的最不发达国家97%的税目的产品给予零关税待遇。②

第四，反对贸易和投资保护主义，支持贸易自由化和便利化。世界银行发展研究局资深经济学家查德·布朗（Chad P. Brown）在2009年第四季度全球保护主义发展趋势考察报告的开篇如是写道：“经济下滑时，保护

① 《胡锦涛在20国集团领导人第四次峰会上的讲话（全文）》，中国政府网，2010年6月27日，http://www.gov.cn/ldhd/2010-06/27/content_1639029.htm。（2017年12月20日登录）

② 《胡锦涛在二十国集团领导人第六次峰会上的讲话（全文）（2）》，人民网，2011年11月4日，http://politics.people.com.cn/GB/101380/16129241.html。（2017年12月20日登录）

主义就会抬头。”① 这一评价言简意赅，正是国际金融危机爆发后全球贸易保护主义强力回潮的如实写照。据全球贸易预警组织（GTA）2013 年统计，2008 年 11 月至 2013 年 5 月，全球共实施了 3334 项贸易保护措施。其中，2012 年第四季度和 2013 年第一季度，全球采取的贸易保护措施分别为 127 项和 125 项，创有监测记录以来的最高水平。中国成为此次贸易保护主义潮流的主要受害者。金融危机以来，全球约 41%的贸易保护措施针对中国，成为全球遭受反倾销调查和反补贴调查最多的国家。② 而发达国家在此轮保护主义中起了带头作用，不仅采取了各种传统的贸易保护措施，更是祭出了各种新的保护主义手段。比如，绕开多边主义，转向双边或包括《跨太平洋伙伴关系协定》和《跨大西洋贸易与投资伙伴关系协定》在内的歧视性的区域内贸易机制；打造全球贸易的新规则体系，抛出“竞争中立”“公平贸易”等新贸易理论规则，提出劳工、环境、技术等新标准。

---

① Brown, Chad P., “Antidumping, safeguards, and protectionism during the crisis: Two new insights from 4th quarter 2009,” *VOX CERP Policy Portal*, February 18, 2010, http://www.voxeu.org/index.php?q=node/4635.（2017 年 12 月 18 日登录）

② 转引自李荔：《警惕贸易摩擦新动向》，《世界知识》2013 年第 20 期，第 50 页。

鉴于贸易保护主义给中国的负面影响，中国政府自然会反对保护主义，主张自由贸易。中国政府不仅主张反对各种形式的保护主义，呼吁继续授权世界贸易组织、联合国贸发会议等国际机构加强对贸易和投资限制措施的监督；主张维护并加强自由、开放、包容、透明、非歧视的多边贸易体制，继续推进多哈回合谈判，不搞排他性贸易标准、规则、体系，避免造成全球市场分割和贸易体系分化；还呼吁各国关注国际贸易中的价值链问题，使贸易统计标准更加全面准确地反映各国从贸易中获益情况，更加客观理性地看待所谓贸易失衡问题。在高举自由贸易大旗的同时，中国政府还以身作则，带头促进贸易的自由化便利化。以中国关税为例，在加入世界贸易组织后的10年内，中国平均关税水平从15.3%降至9.8%，达到并超过了世贸组织对发展中国家的要求。①

第五，中国政府还积极推进二十国集团的机制建设。从时间上看，中国提出这一主张主要是在2010年的二十国集团第四次和第五次峰会。在经历了前三次峰会各成

① 《胡锦涛在二十国集团领导人第六次峰会上的讲话（全文）（2）》，人民网，2011年11月4日，http://politics.people.com.cn/GB/101380/16129241.html。(2017年12月20日登录)

员为克服危机共同采取应急行动后，二十国集团走到了转型的关口。对于二十国集团的发展前景，中国政府主张推动二十国集团从应对国际金融危机的有效机制转向促进国际经济合作的主要平台。胡锦涛主席在二十国集团第四次峰会上发言指出，由于世界经济形势仍然十分复杂，需要二十国集团发挥引领作用。二十国集团成员需要全面落实前三次峰会做出的决定和达成的共识，共同维护二十国集团信誉和效力；此外，还要处理好二十国集团机制同其他国际组织和多边机制的关系，确保二十国集团在促进国际经济合作和全球经济治理中发挥核心作用。①

第三节　中国政策的调整

中国政府在刺激经济复苏和增长、改革国际金融体系、帮助发展中国家、反对贸易保护主义和推进二十国集团机制建设等领域的主张，贯穿于所有二十国集团峰会。当我们把目光投向可持续性发展这一领域，再结合

① 《胡锦涛在20国集团领导人第四次峰会上的讲话（全文）》，中国政府网，2010年6月27日，http://www.gov.cn/ldhd/2010-06/27/content_1639029.htm。（2017年12月20日登录）

中国政府近几年在外交领域的新政策，可以发现这是中国政府做出积极主动调整的重要领域。

一、中国的基础设施建设与投资倡议

真正带来突破性变化的领域是基础设施建设领域。从二十国集团首次峰会召开伊始，中国政府就已开始向该集团成员说明基础设施建设在经济发展中的作用。从中国国家主席在历次峰会上的发言看，胡锦涛主席早在第一次峰会上就呼吁发达国家和国际社会“切实保持和增加对发展中国家的援助”，而其中一个重要的内容就是“尽最大力量帮助其进行基础设施建设，以增强其自我发展能力”。① 此外，胡锦涛主席在第一次和第二次峰会上都提到了中国在基础设施领域的投资情况、发展空间和丰富经验。只是由于当时各成员忙于应对不断恶化的危机，关注点在于短期的财政和货币政策的刺激作用，尚无暇规划全球经济在后危机时代的可持续增长。

中国政府真正突出基础设施的作用是在2011年第六次法国戛纳峰会上，胡锦涛主席向二十国集团成员介绍

---

① 《通力合作共度时艰——在金融市场和世界经济峰会上的讲话（11/16/08）》，中华人民共和国驻美利坚合众国大使馆网站，2008年11月17日，http://www.china-embassy.org/chn/zmgx/zmsbzyjw/c/t522478.htm。（2017年12月20日登录）

了中国在南南合作框架内帮助其他发展中国家进行基础设施建设的成就与计划。“在基础设施领域，截至2010年底，中国共帮助发展中国家建设基础设施项目632个。2010—2012年间将向非洲提供100亿美元的优惠性质贷款，主要用于基础设施建设。2011—2015年间将为发展中国家援建200个清洁能源和环保等基础设施项目。”①

到了2014年第九次峰会，中国政府更是将基础设施对经济的拉动作用看作一种有助于发掘和培育持久增长动力的新理念和新方式提出来。在这次峰会上，习近平主席呼吁二十国集团成员创新发展方式，认为通过逆周期的刺激政策，熨平经济波动，短期效果明显，但这多是治标不治本；必须创新发展理念、政策、方式，更加重视增长质量和效益，推动经济从周期性复苏走向可持续性增长。在此，习主席专门提到了基础设施对经济的拉动效应，表示中国支持二十国集团成立全球基础中心，支持世界银行成立全球基础设施基金，并将通过建设丝绸之路经济带、21世纪海上丝绸之路、亚洲基础设施投资银行、丝路基金等途径，为全球基础设

① 《胡锦涛在二十国集团领导人第六次峰会上的讲话（全文）（2）》，人民网，2011年11月4日，http://politics.people.com.cn/GB/101380/16129241.html。（2017年12月20日登录）

施投资做出贡献。[①] 至此，基础设施建设在中国的对外政策中上升到了前所未有的高度，成为中国以创新的方式参与全球经济治理的一个重要支柱。

与中国政府在二十国集团峰会上的新主张相一致，从 2013 年下半年开始，中国政府积极筹建以基础设施投资和建设为主要业务的亚洲基础设施投资银行（Asia Infrastructure Investment Bank，AIIB）（以下简称亚投行）、丝路基金和金砖国家开发银行。以亚投行为例，从 2013 年 10 月习近平主席在访问印度尼西亚时提出倡议，到 2014 年 10 月首批意向创始成员国的财长和授权代表在北京签约，共同决定成立亚洲基础设施投资银行，用时仅仅一年。2015 年 6 月 29 日，亚投行 57 个意向创始成员国签署《亚洲基础设施投资银行协定》（以下简称《协定》），各方商定于 2015 年年底之前，经合法数量的国家批准后，《协定》即告生效，亚投行正式运行。此外，中方主导的丝路基金也已于 2014 年 12 月 29 日成立，而筹备已久的金砖国家新开发银行于 2015 年 7 月 21 日正式开业。

① 《习近平出席二十国集团领导人第九次峰会并发表重要讲话》，中国政府网，2014 年 11 月 16 日，http://www.gov.cn/xinwen/2014-11/16/content_2779371.htm。（2018 年 7 月 20 日登录）

二、二十国集团与基础设施建设

其实，基础设施建设本来就是发展议程中的应有之义，也是二十国集团内外广大发展中国家的重要关注。基础设施建设作为发展议程的具体化和细化，具有很强的可操作性，对一国整体经济发展具有明显的拉动作用。但是，将基础设施作为创新发展的理念和形式提出，并且成立亚洲基础设施投资银行、丝路基金等多边机构为其提供实施保障，是中国的独创性贡献。这一举措是中国政府在新时期自身经济和外交出现发展新趋势的背景下，与发展中国家分享自身经济增长的经验以期实现内外联动增长的重要尝试，也是中国在国家实力提升后以更加积极主动的姿态在国际机构内发挥领导力的表现。

就二十国集团的议题演变而言，它一直关注发展问题。正如柯顿所言，自二十国集团成立以来，无论是在部长级会议还是在领导人峰会层次上，它在全球发展治理中投入和创新都在不断增加。尤其是在新兴经济体主办二十国集团会议时，发展议题的重要性更加凸显。作为最大的发展中国家，中国是二十国集团发展议题的引领者，尤其是在通过贸易自由化促进发展，以及发展公共部门与私营部门伙伴关系方面。[1] 基础设施作为发展议题的重要内容，并没有在一开始就受到足够的重视，其重要性的显现经历了一个过程。

如上文所述，中国政府在二十国集团首次峰会上就提出了要帮助其进行基础设施建设的倡议。但是由于各种原因，应者寥寥。就西方国家而言，尽管提供了许多国际发展援助，但大多是“头痛医头、脚痛医脚”式或者附加了诸多政治条件的援助，发展问题——更具体地说，通过发展基础设施帮助发展中国家培育持久增长的条件——并非是他们关注的焦点。而二十国集团内的发展中国家，由于不同的国情以及缺乏充分的会前沟通，对基础设施的重要性没有形成广泛的共识。在二十国集团第二次伦敦峰会，英国首相戈登·布朗（Gordon Brown）将发展议题列为会议的核心议题之一，但是考虑到当时的危机局面，没有取得实质性效果。

对发展议程具有里程碑意义的是2010年11月的二十国集团第五次首尔峰会。在韩国的主导和二十国集团内发展中国家的支持下，发展问题成为此次峰会的主要议题，基础设施建设开始受到普遍重视。峰会主办国韩

① 约翰·柯顿：《G20与全球发展治理》，《国际展望》2013年第4期，第14页。

国本身作为新兴经济体，对于发展中国家对经济发展的需求感同身受，而且韩国在短时期内经历了快速成功的发展变化，使其在这方面有宝贵的发展经验可供他国分享。时任韩国总统李明博谈到对发展中国家的援助时指出，“授人以鱼，不如授人以渔”，他希望国际社会能够一起努力通过“授人以渔”的方式，建立公正的世界经济秩序和公正的“地球村”。① 首尔峰会通过了《共享增长的“首尔发展共识”》，确定了九大支柱领域，而基础设施成为其中的第一项。② 与之相适应，首尔峰会上成立了基础设施投资高级别工作组。根据加拿大学者库珀等的解读，《共享增长的“首尔发展共识”》将二十国集团对不发达国家的援助从西方式的发展援助转向了对基础设施、教育、卫生、技术和制造业等领域的投资，帮助发展中国家培养依靠自身力量寻求发展的潜力。③

首尔峰会之后，二十国集团的发展议题明显呈下降

---

① 《李明博提出 G20 首尔峰会四大议题》，新华网，2010 年 11 月 1 日，http://news.xinhuanet.com/world/2010-11/01/c_12724659.htm。（2018 年 7 月 20 日登录）

② 参见“Seoul Development Consensus for Shared Growth,” Seoul, November 12, 2010, University of Toronto, http://www.g20.utoronto.ca/2010/g20seoul-consensus.html。（2018 年 7 月 20 日登录）

③ Andrew F. Cooper and Ramesh Thakur, *The Group of Twenty (G20)* (London and New York: Routledge, 2013), p. 117.

趋势。在2011年的法国戛纳二十国集团第六次峰会上，发展议程主要强调了基础设施和粮食安全。在基础设施方面，法国企图借助首尔峰会上成立的高级工作组的资源，来重点识别一些基础设施建设项目，以汇集来自公共机构和私营机构的发展资金。另外，法国准备让多边开发银行也加入该进程中来，但遗憾的是，戛纳峰会在这方面取得的进展很有限。① 2012年的墨西哥洛斯卡沃斯二十国集团第七次峰会上，发展议题的重心转向绿色增长。2013年俄罗斯圣彼得堡二十国集团第八次峰会继续关注基础设施建设，但是除了呼应《共享增长的“首尔发展共识”》中的承诺外，没有新的发展。

2014年澳大利亚布里斯班的二十国集团第九次峰会，发展议题又一次受到了重视，而且最为突出的是基础设施建设的重要性得到了前所未有的凸显。此次峰会认为基础设施对促进增长、创造就业和提高生产力至关重要，作为二十国集团领导人公报的附件，峰会通过了“二十国集团全球基础设施倡议”，与现有的全球性、区域性或国家开发银行展开合作，应对和弥补全球在基础设施投资领域的缺口和问题。峰会决定成立一个总部位

---

① 约翰·柯顿：《G20与全球发展治理》，《国际展望》2013年第4期，第15页。

于悉尼，为期四年、致力于信息和知识共享的“全球基础设施中心”，促进政府、私人部门、开发银行和其他国际组织间的合作，改进基础设施市场的运行和融资。①

三、全球基础设施建设赤字

中国对基础设施的重视主要源于对基础设施建设在中国经济发展中的重要性的认识。投资和建设基础设施，不仅有利于创造就业，改善民生，提高民众的生活质量和便利程度，而且是驱动经济复苏和可持续增长的重要引擎。大量研究文献表明了，通过提高要素生产率、减少生产和交易成本等方式，基础设施建设对经济增长具有积极的促进作用。②

放眼全球，各国的基础设施建设需求十分强劲。处于工业化和城镇化进程中的发展中国家需要加大基础设施投资建设，但是长期以来，基础设施一直制约全世界众多国家的经济社会发展。大多数国家都迫切期望改善本国基础设施，却又都面临融资困难、技术和组织

① 参见加拿大多伦多大学主办的“二十国集团信息中心”（G20 Information Center）网站，“The G20 Global Infrastructure Initiative,” November 14, 2014, http: //www. g20. utoronto. ca/2014/g20_ note_ global_ infrastructure_ initiative_ hub. pdf。(2018 年 7 月 20 日登录)

② 具体文献参见李平、王春晖、于国才:《基础设施与经济发展的文献综述》,《世界经济》2011 年第 5 期，第 93—116 页。

能力不足等问题的掣肘。以亚洲为例，2009年亚洲开发银行（Asia Development Bank，ADB）的一份报告显示，亚洲国家在2010—2020年间基础设施投资的需求接近8万亿美元，每年平均需投资8000亿美元左右。其中，68%用于新增基础设施的投资，32%用于维护现有基础设施。而最大的两个投资领域是电力设施和道路，分别占总投资需求的51%和29%。[①] 根据经济合作与发展组织（OECD）预测，2013—2030年，全球基础设施建设规模将以年均4.9%的速度增长，到2020年全球基础设施建设规模将达到12.7万亿美元，2030年将达到55万亿美元。

不单发展中国家，发达国家也同样重视基础设施对经济发展的推动效应，不少也面临基础设施老化和不足的问题。出于更新升级老化基础设施和刺激经济复苏的双重目的，不少发达国家也在陆续推出规模庞大的基础设施建设计划。2010年，欧盟颁布基础设施建设计划，在2020年前投资1.5万亿欧元建设公路交通，投资150

① Asian Development Bank, and Asian Development Bank Institute, *Infrastructure for Seamless Asia* (Tokyo: Asian Development Bank Institute, 2009), p. 167.

亿欧元用于信息能源和基础设施。① 英国政府于 2015 年出台了《国家基础建设规划》，指出要在能源、交通、通信和水利项目上加大投资力度，未来 10 年的基建投资需求达 3830 亿英镑。②

美国也不例外，美国政府对国内基础设施的投资向来重视。林肯总统在美国内战期间仍然致力于联通美国东西海岸的铁路系统的建设，艾森豪威尔总统期间美国又完成了州际公路网络，里根总统曾强调重建基础设施是对未来的投资。③ 美国于 2009 年年初通过的《复兴与再投资法案》推出了总额达 9690 亿美元的经济刺激计划，其中 1500 亿美元就用于包括道路、桥梁、公共交通、住房和宽带建设等基础设施建设。这一投资计划被认为是美国“（20 世纪 50 年代）州际公路建设投资以来最大的基础设施投资计划……不仅能够创造 40 万个工作岗位，还能在接下来的几十年内为经济增长提供

① 吴崇宇、刘仲仪：《基础设施建设走出去的现状及前景》，《宏观经济管理》2014 年第 5 期，第 42 页。

② 徐惠喜：《全球基础设施建设迎来发展新机遇》，中国经济网—《经济日报》，2015 年 1 月 9 日，http://www.ce.cn/xwzx/gnsz/gdxw/201501/09/t20150109_4302282.shtml。（2018 年 7 月 20 日登录）

③ 参见 The White House, "President Obama Speaks on Rebuilding Our Infrastructure," May 14, 2014, https://www.whitehouse.gov/photos-and-video/video/2014/05/14/president-obama-speaks-rebuilding-our-infrastructure#transcript。（2018 年 7 月 20 日登录）

持久动力。"①

近年来，美国政府对基础设施建设的重视可以从白宫设计基础设施的年度预算中所用的修饰词管窥一斑："面向 21 世纪的"基础设施。白宫的 2012 财年基础设施预算部分的标题是"建设面向 21 世纪的基础设施，赢得未来"，基础设施的好坏关系到美国的前途！② 而在 2016 财年预算中，白宫提出了一个为期六年总额达 4780 亿美元的地面交通再授权计划。③

在现有的多边机构中，从事亚洲地区基础设施融资业务的主要有亚洲开发银行和世界银行，但是这两家机构并不能提供足够的资金满足亚洲地区发展中国家的基础设施融资需求。其中的问题既有融资能力不足的问题，也有融资程序效率低下的问题。亚洲开发银行和世界银

① The White House, "American Recovery and Reinvestment Act: A $150 Billion Investment in Our Nation's Infrastructure—The Largest New Investment Since the Construction of the Interstate Highway System," February 17, 2009, https://www.whitehouse.gov/assets/documents/Recovery_Act_Infrastructure_2-17.pdf.（2018 年 7 月 20 日登录）

② The White House Office of Management and Budget, "Win the Future with a 21st Century Infrastructure," The Federal Budget, Fiscal Year 2012, https://www.whitehouse.gov/omb/factsheet/21st-century-infrastructure.（2018 年 7 月 20 日登录）

③ The White House, "Middle Class Economics: Building a 21st Century Infrastructure," *The President's Budget, Fiscal Year 2016*, p. 1, https://www.whitehouse.gov/sites/default/files/omb/budget/fy2016/assets/fact_sheets/building-a-21st-century-infrastructure.pdf.（2018 年 7 月 20 日登录）

行仅有 2230 亿美元，两家银行每年能够提供给亚洲国家的资金大概只有区区 200 亿美元，这样的融资规模没有办法满足亚洲地区对基础设施资金的巨大需求。为了缓解这一融资能力上的不足，亚洲部分地区和国家推出了一些新的措施。以东盟为例，东盟成员国和亚洲开发银行于 2011 年共同成立了“东盟基础设施基金”（ASEAN Infrastructure Fund），但是该基金规模太小，每年只能带动大约 10 亿美元的基建投资。①

而且，现有机构的融资审批过程存在审批缓慢、官僚主义严重、效率低下等问题，进一步恶化了发展中国家基础设施融资供求失衡的问题。美国经济学家杜大伟（David Dollar）在解释亚洲其他发展中国家为何对中国的亚投行倡议反应如此热烈时说，发展中国家对这一提议有强烈共鸣，新的多边发展银行在有健全的保障机制的同时，能比现有的多边机构更快、更高效。② 可以说，亚洲地区在庞大的基础设施建设需求与实际的现有资金和资源的配置、运用能力之间存在巨大的缺口，严重制

---

① Asian Development Bank, “ASEAN Launches Biggest Ever Fund to Meet Critical Infrastructure Needs,” News release, May 3, 2012, http://www.adb.org/news/asean-launches-biggest-ever-fund-meet-critical-infrastructure needs.（2018 年 7 月 20 日登录）

② David Dollar, “China's Rise as a Regional and Global Power: The AIIB and the ‘One Belt, One Road’,” *Horizon*, Summer 2015, p. 166.

约了亚洲发展中国家的经济发展。

第四节　小结

中国在国际经济治理的舞台上经历了从外围到中心的过程。中国参与国际经济治理的驱动力来自于自身经济实力和影响力的增长。在当前全球化的时代，从某种意义上来讲，没有中国参与的国际经济治理不算是真正意义上的国际经济治理。当然，鉴于中国作为发展中国家的国家定位，中国对国际经济治理平台具有一定的选择性。原有的包括布雷顿森林体系和七国集团、八国集团，由于完全由西方发达国家主导，没有发展中国家参与，并不是中国参与国际经济治理的理想平台。二十国集团的出现改变了这一状况。虽然二十国集团并未完全打破原有的由西方主导的国际经济治理体系，但包括中国在内的新兴经济体获得了与发达国家平等对话、共同开展国际经济治理的地位。因此，二十国集团改变了中国希望参与世界事务但又面临“身份尴尬”的状态，为中国参与国际经济协调提供了一个较为理想的平台，而中国也以非常积极的姿态参与二十国集团事务。正如有的学者指出的那样，“与其他类似于 G8 的论坛不同，在

G20 中，中国能更加轻松。而且中国一直非常支持 G20 的工作，也更愿意在国际社会承担更多的责任。中国需要 G20，G20 也需要中国。”①

二十国集团成立以来，中国积极参与集团的各种工作和进程。最为突出的是，在 2008 年国际金融危机爆发之初，中国与国际社会步调一致，积极合作，推出宏大的经济刺激计划，为遏制危机蔓延，刺激全球经济复苏，发挥了一个负责任的发展中大国的作用。中国还在改革国际金融体系和货币体系，反对保护主义，推动可持续的包容性的绿色增长，以及能源、反腐、气候变化等议题上积极提出自己的方案，努力推动国际经济体系向着公平公正的方向迈进。在二十国集团遇到动力不足和领导力缺失等发展瓶颈后，中国基于自身的优势和经济转型的需要，在二十国集团内大力推动基础设施建设等议题，为二十国集团的发展注入了新的动力。中国在二十国集团内扮演的是参与者、建设者和改革者的角色。

① 转引自［加拿大］彼得·哈吉纳尔：《二十国集团：演变、互动、记录》（国务院发展研究中心“国际经济金融治理”基础课题组译），北京：中国发展出版社 2017 年版，第 153 页。

第六章

二十国集团内的美中合作与冲突

美国和中国作为当今世界上的第一和第二大经济体，对二十国集团的运行具有超过其他成员的影响力。美国是二十国集团的主要发起国，对集团的议程设置发挥着主导作用。中国是二十国集团内最大的发展中国家，是该集团的重要参与者和建设者，在各种议题上贡献着中国的智慧，发挥着重要的作用。鉴于美国和中国强大的影响力，两国在二十国集团内的关系及其对集团的影响也受到国际社会的关注。

澳大利亚学者盖瑞特早在2010年便认为，美国和中国构成了二十国集团内部的“两国集团（G2）”，两国双边关系的性质对于该集团的发展具有举足轻重的作用。他认为，“后危机时代全球地缘政治的发展轨迹取决于依然是全球最强大的国家美国和最大也是发展最快的崛起大国中国之间的互动。”① 2009年二十国集团伦敦第二

① Geoffrey Garrett, “G2 in G20: China, the United States and the World after the Global Financial Crisis,” *Global Policy*, Vol. 1, No. 1, January 2010, p. 30.

次首脑峰会前夕，时任世界银行行长罗伯特·佐利克（Robert Zoellick）和世界银行首席经济学家林毅夫在《华盛顿邮报》撰文指出，“没有强大的（中美）两国集团，二十国集团会带来失望。”① 美国学者斯图瓦特·帕特里克（Steward Patrick）在谈及中美关系对全球治理的重要影响时指出：“从根本上说，美国要进行有效的全球治理改革将主要取决于美国与世界上最主要的崛起国——中国——之间的双边关系。”② 中国学者郭树勇在分析二十国集团内的阵营分野和矛盾时也指出，“二十国集团的前途，取决于成员国特别是中美两国有多大能力和意志来克服因二十国集团兴起而体现出来并有所强化的国际社会分野和矛盾。”③ 可见，美国和中国，尤其是两国之间的关系和互动对二十国集团的发展具有举足轻重的作用。

本章主要考察美国和中国在二十国集团内的合作与冲突。笔者首先简要分析二十国集团2008年峰会以来的

① Robert Zoellick and Lin Yifu, “Recovery Rides on the ‘G-2’,” *The Washington Post*, March 6, 2009, http://www.washingtonpost.com/wpdyn/content/article/2009/03/05/AR2009030502887.html.（2014年7月20日登录）

② ［美］斯图瓦特·帕特里克：《全球治理改革与美国的领导地位》，《现代国际关系》2010年第3期。

③ 郭树勇：《二十国集团的兴起与国际社会的分野》，《当代世界与社会主义》2016年第4期，第12页。

中美两国双边关系，将中美两国在二十国集团内的互动置于两国双边关系和国际政治格局的背景之下。之后，本章选择经济复苏、全球经济失衡和气候变化三个二十国集团的重要议题作为中美两国的互动议题，考察两国合作的空间和限度。

第一节　2008年后的中美关系

2008年以来的中美关系经历了较大的波动。便于分析起见，笔者将其分为两个阶段。第一个阶段是2008年至2009年，两国关系的基调是合作。中美两国在金融危机面前携手合作，同舟共济，共同致力于克服危机，全力促进经济的复苏。第二个阶段是2010年至今，中美两国之间冲突增多，虽然两国在很多功能领域保持合作，但是冲突对抗的基调压过合作的基调。

美国和中国在2008年金融危机爆发后两年内的合作，既源于美国急于摆脱危机从而寻求中国合作的现实需求，也是中美两国经济高度相互依赖的表现。中美经济经过多年的发展已形成高度的相互依赖，两国经济的互补性大于竞争性。在小布什总统任期的最后一年2008年，中美贸易总额达到4092亿美元，中国成为继加拿大之后的美国第二大贸易伙伴。[①] 如此庞大的双边贸易表明，美国能够从对华贸易中获得巨大的绝对收益。来自中国的大量廉价商品是无数美国进口商的利益所在，而中国国内的巨大市场及其潜力又是无数美国出口商和跨国公司的主要市场。同样重要的是，中国是用来平衡美国联邦预算赤字的政府债券的最大持有国。2007 年，历史学家弗格森（Niall Ferguson）和经济学家舒拉瑞克（Moritz Schularick）曾创造出“中美国”（Chimerica）一词来形容美国和中国在经济和金融上的共生关系，用他们的话说就是“最大的储蓄国和最大的消费国之间的伙伴关系”。[②] 而经济学家伯格斯滕（C. Fred Bergsten）也在 2009 年撰文强调与中国的合作对于美国和世界走出金融危机的重要性。“除非美国和中国共同发挥领导作用，全球经济不可能从当前的危机中实现可持续性的恢复。若这两个国家不联手，引发此次危机的全球经济失衡问题将得不到解决，国际金融秩序也将不可能进行持久性的改革。”[③] 显然，对于急于跳出危机的美国经济，中国

---

① 参见 U. S. Census Bureau, “Foreign Trade Statistics,” http://www.census.gov/foreign-trade/balance/c5700.html，转引自顾国平：《金融危机阴影下的美国对华经贸政策》，《国际论坛》2011 年第 4 期，第 60 页。

② Niall Ferguson and Moritz Schularick, “Chimerica and the Global Asset Market Boom,” *International Finance*, Vol. 10, No. 3, 2007, p. 228.

③ C. Fred Bergsten, “Two's Company,” *Foreign Affairs*, Vol. 88, No. 5, September/October, 2009, pp. 169-170.

的合作与帮助非常重要。美国政府大规模的经济刺激计划所需要的资金，若是没有与中国的合作，不可能顺利进展。为了确保中国资金持续流向金融危机中的美国，奥马巴政府的国务卿希拉里和财政部长盖特纳于2009年上半年先后访华时，都充当了美国国债推销员的角色，以恳切的口吻要求中国继续购买美国国债，并向中国领导人保证中国在美资产的安全性。①

金融危机确实为中美两国提供了携手合作共克时艰的现实动力，但也为危机之后两国的冲突与对抗埋下了伏笔。导致中美两国从危机期间的合作转向后危机时代的冲突的最主要的因素在于危机前后两国经济力量对比的变化。如表5所示，受到金融危机的冲击，美国经济在2008年和2009年呈现负增长，尤其是2009年度经济下滑2.8%。2010年开始，在经济刺激计划和长期的量化宽松政策的作用下，美国经济从金融危机中复苏，但是增速缓慢。与危机前的2007年高达14.2%的增速相比，中国经济在2008年和2009年有所放缓，但依然保持了9.6%和9.2%的高位，保持较为强劲的增长。此消彼长之间，中美两国的经济实力对比出现了有利于中国

① 参见顾国平、梅仁毅：《“两国集团”构想的历史考察》，《美国研究》2011年第4期，第105页。

的变化。中国的国民生产总值（GDP）在2008年还只有美国的31%，但是六年之后的2014年，这一比值达到了60%，几乎翻了一倍（见表6）。

表5　2007—2017年中美两国经济增长率　（%）

年份 国家	2007	2008	2009	2010	2011	2012	2013	2014	2015	2016	2017
中国	14.2	9.6	9.2	10.6	9.5	7.9	7.8	7.3	6.9	6.7	6.9
美国	1.8	-0.3	-2.8	2.5	1.6	2.2	1.7	2.6	2.9	1.5	2.3

资料来源：国际货币基金组织网站，http://www.imf.org/en/Countries/CHN，和 http://www.imf.org/en/Countries/USA。（2018年7月25日登录）

表6　2008—2014年中美两国GDP对比　（十亿美元）

年份 国家	2008	2009	2010	2011	2012	2013	2014
中国	4548	5106	5950	7314	8387	9469	10380
美国	14719	14419	14964	15518	16163	16768	17419
	31%	35%	40%	47%	52%	56%	60%

资料来源：The International Monetary Fund, "World Economic Outlook Database, April 2015," http://www.imf.org/external/pubs/ft/weo/2015/01/weodata/weoselgr.aspx。（2018年7月25日登录）

同时，鉴于中美经济不同的表现，世界上出现了对美国经济质疑的声音。2008 年 9 月 30 日，德国的《明镜周刊》（*Der Spiegel*）刊登了题为《傲慢的终结：美国丧失其经济上的统治地位》的文章："曾几何时，美国可以债台高筑却不用考虑由谁为之埋单，现在那些日子已一去不复返了；曾几何时，美国能够将它的经济规则强加给世界，只顾赚钱不顾其余，现在那些日子也一去不复返了。"① 国内有学者在考察了金融危机对美国的影响后，也得出类似结论：虽然美国经济在可预见的未来将继续保持领先地位，但已经表现出了"结构性衰退"的迹象。②

中美经济力量的对比变化改变了中美关系的格局，也改变了美国对中美关系的收益分析。如果说危机前的美国还是更加看重中美经济关系中的绝对收益，那当中国力量不断崛起，日益逼近美国之际，美国开始越来越多地计算相对收益。两国之间的战略互信日益销蚀。2012 年，美国学者李侃如（Kenneth Lieberthal）和中国

① "The End of Arrogance: America Loses Its Dominant Economic Role," *Der Spiegel*, September 30, 2008, http://www.spiegel.de/international/world/0,1518,581502,00.html，转引自顾国平：《金融危机阴影下的美国对华经贸政策》，《国际论坛》2011 年第 4 期，第 61 页。

② 袁鹏：《金融危机与美国经济霸权：历史与政治的解读》，《现代国际关系》2009 年第 5 期，第 3—5 页。

学者王辑思提出了中美“战略互疑”的概念，指出由于不同的政治传统、价值体系和文化，对彼此的决策过程、政府和其他实体之间关系的理解和认识不够，以及对中美之间实力差距日益缩小的认识等三个因素，两国之间在长远意图方面的互不信任日益加深。①

中美实力平衡的变化和战略互信的降低直接反映在学术界和政界。美国国内总体上对美中两国关系持有乐观看法的人士在减少，相反，悲观情绪在增长，主张对中国采取强硬政策的人士不断增加。强硬派观点会聚在一起，呼吁美国政府结束和改变自20世纪70年代尼克松总统以来的接触外交政策。作为进攻性现实主义国际关系理论的奠基者，米尔斯海默（John J. Mearsheimer）一贯认为中国无法和平崛起。在2014年再版的《大国政治的悲剧》中，米尔斯海默专门加了一章“中国能和平崛起吗”来重申其观点，并主张“遏制”中国，建议美国与中国的邻国建立军事同盟，阻止中国向外扩张其影响力。② 更有美国学者模仿冷战初期乔治·凯南的样子，

① 王辑思、李侃如：《中美战略互疑：解析与应对》，北京：社会科学文献出版社2013年版，第V—X页。

② John J. Mearsheimer, “Can China Rise Peacefully?” *National Interest*, October 25, 2014, https://nationalinterest.org/commentary/can-china-rise-peacefully-10204.（2018年7月30日登录）

将中国视为当时的苏联，分析“中国行为的根源”，主张对中国实施遏制政策。①

2015年3月，美国前驻印度大使布拉克韦尔（Robert Blackwill）和卡内基国际和平基金会研究员泰利斯（Ashley J. Tellis）发布题为《修订美国对华大战略》的报告，认为美国之前对中国的接触政策是一种战略错误，“美国需要一个新的大战略，其核心是平衡中国国力的崛起，而不是继续帮助它的上升。”他们还认为，中国是今后美国最主要的竞争者，美国总统在今后几十年中要集中力量处理对美国最大的战略挑战就是中国的崛起。② 差不多在同一时期，林蔚（Arthur Waldron）也发表了类似的观点，认为从尼克松访华以来中国在经济和军事上的发展损害了美国及其盟友的利益。鉴于2010年以后中国“咄咄逼人”和“修正主义”的外交政策，他建议美国需要大幅改变其政策，削减美国在全球其他地方的军事承诺，集中对付中国的军事崛起。③

这些强硬派的呼声反映在奥巴马政府的政策上，就

---

① Aaron L. Friedberg, “The Sources of Chinese Conduct: Explaining Beijing's Assertiveness,” *Washington Quarterly*, Vol. 37, No. 4, Winter 2015, pp. 133-150.

② Robert Blackwill and Ashley J. Tellis, “Revising U. S. Grand Strategy toward China,” Council on Foreign Relations, Special Report No. 72, March 2015.

③ Arthur Waldron, “The Asia Mess: How Things Did Not Turn Out As Planned,” *Orbis*, Vol. 59, No. 2, Spring 2015, pp. 143-166.

是“亚太再平衡”战略。2011年11月，时任美国国务卿希拉里·克林顿在夏威夷东西方中心发表了题为《美国的太平洋世纪》的演讲。她指出：“随着伊拉克战争偃旗息鼓和美军开始从阿富汗撤出，美国正处在一个转折点上……在下一个十年，美国要锁定在外交、经济、战略和其他方面持续不断地增加在亚太地区的投入，并把它当作是美国治国理政的最重要任务之一。”① “亚太再平衡”战略正式登场。常年致力于中美关系研究的学者陶文钊指出，美国的战略重心东移既是美国反恐战争结束后战略调整的表现，也是在金融危机期间财政压力下采取的“瘦身”行动，同时制衡中国、对中国的防范也是一个重要原因。美国的战略调整是在全球范围内的战略收缩，在亚太地区的战略扩张。为此，美国采取了种种措施，包括向亚太地区增调部队，加强在本地区的军事存在；强化与盟国的关系；在经济上搞《跨太平洋伙伴关系协定》，试图为地区一体化制定规范；鼓励别的新兴经济体与中国竞争；努力推广美国的价值观。② 2016年，时任美国国防部部长卡特（Ash Carter）论及

---

① Hillary Clinton, “America's Pacific Century,” *Foreign Policy*, No. 189, November 2011, p. 56.

② 参见陶文钊：《如何看待美国的战略调整》，《国际关系学院学报》2012年第4期，第10—19页。

“再平衡”战略时，虽然继续说“美国欢迎一个和平、稳定、繁荣并在（亚太）地区安全网络中扮演负责任的角色的中国的崛起”，但同时又强硬地指出，“中国的模式与亚太地区所希望的格格不入。中国的模式反映的是该地区遥远的过去，而不是未来……中国的所作所为正将其自己排除在该地区之外，它正在建立一道自我孤立的长城。”①

2017 年初入主白宫的特朗普更进一步将中国定位为战略对手，开始采取强硬派的主张和建议实施对华政策。2017 年 12 月 18 日，特朗普政府发布任期内首份《国家安全战略报告》，其中 33 次提到中国，并将中国与俄罗斯确定为“修正主义国家”。报告前言开宗明义，认为美国面临来自全球日益增大的政治、经济和军事竞争，并特别指出中国和俄罗斯对美国的威胁。“中国和俄罗斯挑战美国的力量、影响力和利益，试图侵蚀美国的安全和繁荣。它们决心使经济不自由和不公平，发展军力，控制信息和数据以压制它们的社会，并扩大影响力。”②

① Ash Carter, “The Rebalance and Asia - Pacific Security: Building a Principled Security Network,” *Foreign Affairs*, Vol. 95, No. 6, November/December 2016, p. 71.

② The White House, *National Security Strategy of the United States of America*, December 17, 2017, p. 2, https://www.whitehouse.gov/wp-content/uploads/2017/12/NSS-Final-12-18-2017-0905-2.pdf. （2018 年 1 月 10 日登录）

2018 年 1 月 19 日，美国国防部发布《国防战略报告》，明确指出“中国是美国的战略竞争对手”。[①] 显然，特朗普政府改变了美国政府四十多年来的对华政策，由接触转为对抗。

纵观 2008 年金融危机以来的中美关系，两国关系的基调从 2008 年和 2009 年的以合作为主逐渐向 2010 年以后的以冲突和对抗为主。由于期间中美两国实力对比的变化，“修昔底德陷阱”的魔咒开始笼罩两国关系，不断增长的战略互疑与猜忌逐渐侵蚀两国合作的基础。奥巴马政府从 2011 年开始实施的“亚太再平衡”战略在其安全、经济和价值观内涵上已经有了明显的针对中国的意味，待到 2017 年特朗普总统入主白宫，中美关系急转直下，美国将中国定位为战略对手。中美两国关系自 2008 年来的演变必然会反映在两国在二十国集团内的交往与互动。

① Mattis, Jim, “Summary of the 2018 National Defense Strategy of the United States of America: Sharpening the American Military's Competitive Edge,” US Department of Defense, January 19, 2018, p. 1, https://dod.defense.gov/Portals/1/Documents/pubs/2018-National-Defense-Strategy-Summary.pdf.（2018 年 7 月 25 日登录）

第二节　经济复苏议题

2008年和2009年二十国集团前三次峰会的优先目标和任务就是阻止金融危机恶化，刺激经济复苏。这两年被称为是二十国集团峰会的“蜜月期”，峰会会场内外都洋溢着同舟共济、团结协作的气氛。在克服危机、共渡难关的共同目标的指引下，美国和中国携手合作，几乎同步实施了史无前例的经济刺激计划，在二十国集团内发挥了大国的领导作用。随着刺激计划的落地以及不同政策效果的显现，双方围绕刺激计划退出的时机和方式等问题产生了分歧与冲突。

一、合作

二十国集团峰会起源于2008年的国际金融危机，成立之初的首要职责即是应对危机，这也成为二十国集团成员在峰会框架内第一个重要的合作内容。为了迅速控制危机，实现经济复苏，在二十国集团前两次峰会的领导人宣言或公报中都指出需要“采取任何必要措施”来稳定金融体系，恢复经济信心和经济增长，复苏就业市场。[①] 在这些峰会精神的指导下，二十国集团成员协调了宏观经济政策，都在不同程度上推出了“必要措施”——包括财政政策与货币政策两种政策工具的组合——来刺激经济的复苏和增长。

前文表 3 列示了金融危机期间二十国集团国家推出的财政刺激规模。各成员协调一致，都根据各自国内的需要推出了相应规模的措施，但作为危机发源地的美国和最大发展中国家的中国，推出的财政刺激计划是所有二十国集团成员中规模最大的，在两国经济史上也是史无前例。美国的财政刺激方案总额达到 9690 亿美元，占当年 GDP 的 6.8%；中国的刺激计划也达到了 5853 亿美元，相当于中国当时 GDP 的 13.3%。除了规模庞大之外，中美两国在推出经济刺激计划的时机上也走在了别国的前面。两国政府当机立断，在危机完全恶化之前就果断实施救助方案，实现了最好的效果。得益于刺激计划，中国经济在 2009 年下滑之后，便于 2010 年实现复苏，而美国也先于其他发达国家走出危机

① “Declaration of the Summit on Financial Markets and the World Economy,” Washington, D. C., November 15, 2008, http://www.g20.utoronto.ca/2008/2008declaration1115.html; “London Summit-Leaders' Statement,” April 2nd, 2009, http://www.g20.utoronto.ca/2009/2009communique0402.pdf.（2018 年 7 月 25 日登录）

的阴霾。①

美国的积极财政政策主要分两次推出，第一次是在小布什政府的最后一年2008年，第二次是奥巴马政府的第一年2009年，当然在2007年次贷危机爆发后一些相关的纾困措施已经先行推出。主要的刺激政策具体如下：首先是减税和减债救市。在减税项目上，小布什政府在2008年年初公布了1500亿美元的经济刺激计划，其中，商业投资第一年享受50%折旧，中小企业则可以享受额外税收优惠。2009年年初，奥巴马签署了《2009年美国复苏与再投资法案》，宣布减税1500亿美元。在减债方面，2007年年底，小布什政府公布了一项房贷解困计划，旨在使至少30万房主减轻债务偿还负担；同时，还签署了《抵押贷款债务减免的税收豁免法案》，要求银行免除抵押贷款以缓解的紧张局面。其次是出资和收购救市。在出资救市项目上，2008年10月，美国国会两党就小布什总统推出的7000亿美元的救助计划达成共识；随之，新上任的奥巴马总统推出了总额高达7870亿美元的“新政”，其中35%用于减

① Geoffrey Garrett, “G2 in G20: China, the United States and the World after the Global Financial Crisis,” *Global Policy*, Vol. 1, No. 1, January 2010, p. 30.

税，65%用于投资。① 在收购方面，2008 年 9 月，美国政府从 7000 亿美元救市计划中拨出 2500 亿美元收购九家大型金融机构的股权，同时承诺如果有需要，政府还可以购买其他股票进行资助。此外，美国政府还实行强制的行政法律手段进行救助。

中国政府采取了同样积极的财政刺激计划，既包括投资计划，也包括减税和减费计划。具体计划在召开于 2008 年 11 月中旬的二十国集团第一次峰会之前就已经在酝酿之中。2008 年 11 月 5 日，时任国务院总理温家宝主持召开国务院常务会议，宣布中国将采取十大措施，在未来两年内投资 4 万亿元以刺激经济，拉动内需。由此，中国政府“稳健”的财政政策变为“积极”的财政政策。胡锦涛主席在 11 月 15 日的二十国集团华盛顿峰会发言中向集团成员介绍了中国的这一刺激计划。该计划决定在 2010 年前投资 4 万亿元，重点用于重大基础设施建设和城市电网改造、农村民生工程、医疗卫生等方面，同时列出十项刺激措施。除了投资计划外，中国的财政刺激计划还包括税收及减费政策。2008 年下半年两

① 参见 111th Congress, *Public Law 111-5(American Recovery and Reinvestment Act of 2009)*, February 17, 2009, https://www.govinfo.gov/content/pkg/PLAW-111publ5/pdf/PLAW-111publ5.pdf。(2018 年 8 月 2 日登录)

次提高出口退税率，尤其是劳动密集型产品、机电产品的出口退税率。从2009年1月1日起实施全面增值税转型，共减轻企业和居民负担5000亿元。同时，在全国取消和停止102项行政事业性收费，连同2008年9月对集贸市场管理费和个体工商管理费的停征，合计减税措施为企业和社会减轻约360亿元。①

除了积极的财政政策外，中美两国还采取了宽松的货币政策，降息降准，努力保持市场的流动性。美国政府实施了量化宽松的货币政策，首先是大幅降息。2007年次贷危机爆发后，为了防止金融市场动荡和经济衰退，美联储在2007年9月至2008年12月的15个月内先后10次降息，将联邦基金利率从5.25%降至0%—0.25%，并长期保持在0—0.25%之间，直至2015年底。其次是大量注入流动性。市场流动性萎缩是美国次贷危机的一个显著表现，因此，美国频繁采用“注入流动性”的手段救市。2008年11月至2009年2月短短的四个月内，美联储增发基础货币达1.535万亿美元。② 此外，美联

① 陈梁、阴艳廷：《经济刺激计划绩效评估的国际比较：以中美为例》，《发展研究》2013年第2期，第18页。

② 杨力、李蕊：《从以邻为壑的博弈困境看货币政策的国际协调》，载杨力主编：《二十国集团发展报告（2012）》，上海：上海人民出版社2013年版，第32页。

储还利用公开市场操作的方式增加市场的流动性。最后是巨额回购债券。在2009年基准利率接近零的情况下，美国采取了非常规的货币政策，即斥资巨额购买中长期国债。2009年3月18日，美联储宣布未来六个月购买2—10年期的国债总额为3000亿美元，并扩大现行抵押贷款相关证券的购买。美联储这一轮货币政策的操作被视为第一轮量化宽松政策（QE1）。

中国政府采取了同样宽松的货币政策，首先是大幅降息。2008—2012年，中国人民银行四次下调存款准备金率，五次下调存贷款基准利率，累计下调1.63个百分点，增加了货币供给量。同时，还下调央行再贷款、再贴现率。其次是保证金融体系流动性。中国人民银行通过公开市场操作投放货币，调减对冲力度，适当降低央行票据发行利率，减少3个月和1年期的央行票据发放频率，停发3年期央行票据，保证了市场流动性充裕。

中美两国的刺激计划都既包括积极的财政政策，也包括宽松的货币政策。在推动刺激计划的过程中，两国基本上保持了步调一致，做到了危机面前的同舟共济。从刺激效果看，在各国推行大规模的经济刺激计划之后，全球金融市场趋于稳定，企业和居民信心恢复，消费得到一定程度的提高，经济出现企稳回升的迹象。美国

2009 年财政政策对 GDP 拉动超过 1.3%。在经历了 2008 年和 2009 年上半年的收缩和衰退之后，美国经济于 2009 年下半年开始回暖，经济增长从 2009 年的下滑 2.8%转为 2010 年的 2.5%较为强劲的增长。中国经济也经历了类似的下滑和回暖，经济增长率从危机前 2007 年的 14.2%下滑至 2008 年 9.6%和 2009 年的 9.2%后，在 2010 年增长重新加速，达到了 10.6%。①

美国和中国作为二十国集团内最大的发达国家和发展中国家，团结在克服危机的共同目标之下，在全球危机应对中共同发挥了领导作用，不仅取得了维护全球金融稳定、恢复市场信心和促进经济回暖的成绩，而且也成为两国相互合作的成功案例。但是，危机救急过程中宽松的货币政策和积极的财政政策除了产生上述积极作用之外，也带来了负面作用，而且经济刺激计划在美国和中国产生了不同的效果。作为刺激计划的副作用，美国和中国同时受困于高企的财政赤字和通货膨胀等问题，但是不同的是美国出现了滞胀，以低增长、高通胀和高失业率为特点，而中国却面临货币超发、经济过热、资

① 数据来自国际货币基金组织网站，参见：http://www.imf.org/en/Countries/CHN，和 http://www.imf.org/en/Countries/USA。（2018 年 8 月 1 日登录）

产价格泡沫增长等问题的困扰。不同的经济问题需要采取不同的措施加以应对。正是在应对经济刺激计划带来的不同问题这一点上，中美两国从原先的紧密合作开始转向政策和利益冲突，而冲突的焦点是刺激计划何时退出和如何退出的问题。

二、冲突

中美两国在刺激计划退出问题上的分歧和冲突其实是二十国集团内发达国家和发展中国家在应对经济刺激计划效果上的矛盾的反映。从 2010 年开始，全球经济形势更为复杂。一方面，新兴经济体本来就受到金融危机冲击较小，在宽松的财政和货币政策的刺激下，它们不仅很快从危机中复苏，反而开始走向危机的反面，受到经济过热和物价上升等问题的困扰。另一方面，就发达经济体而言，经济刺激计划虽然在很大程度上缓解了金融危机，但是却未能完全走出经济衰退的泥沼，美国面临滞涨问题，欧元区又陷入严重的主权债务危机。不同的经济表现和问题要求采取不同的政策措施。发达国家需要进一步强化刺激政策，并进行财政整顿，而新兴经济体则趋向于要求紧缩，以控制经济过热的风险。

美国在经历了第一轮量化宽松政策之后，金融市场得到了稳定，但是对就业和消费的刺激作用不是很大。2010年11月，在失业率高企、通货紧缩风险上升的背景下，美联储启动第二轮量化宽松政策（QE2），在2011年6月前购买6000亿美元的美国长期国债，以进一步拉动经济复苏。到2012年9月，由于居高不下的失业率以及日益放缓的经济增长率，美联储宣布实施第三轮量化宽松政策（QE3）。美联储没有明确第三轮量化宽松的总规模也没有明确的到期日，仅表示每月将购买400亿美元的机构抵押贷款支持债券，直至实现美国的失业率降低到7%以下以及美国经济稳定增长的双重目标。仅仅3个月之后，美联储又宣布开启第四轮量化宽松政策（QE4），每月除了继续购买400亿美元抵押贷款支持证券外，还将额外购买约450亿美元长期国债。在先后执行了四轮量化宽松政策之后，美联储资产负债表规模总体上呈现扩张趋势。从2008年9月前长期保持着的平均0.82万亿美元的稳定规模扩张到4.4万亿美元，为美联储建立以来的最大规模。①

在美国连续量化宽松政策的示范效应之下，欧盟和日本等经济体也跟随采取了类似的量化宽松的货币政策。

---

① 杨力、李蕊：《美国量化宽松政策退出机制研究》，《国际观察》2014年第6期，第118页。

2010年欧洲债务危机爆发以后，欧洲央行持续采取了量化宽松政策，包括启动长期再融资计划，向金融业提供近万亿欧元的流动性；直接购买超过2000亿欧元的欧元区债务；将政策基准利率调低至1%的历史最低水平，调低欧元区的法定准备金率至1%。[①] 英国央行也从2010年2月开始先后采取了数轮量化宽松政策。截至2012年10月底，英国央行的量化宽松政策总规模达到了3250亿英镑。此外，英格兰货币政策委员会还宣布在2013年前将主导利率保持在0.5%的历史最低水平。日本央行在2012年3月之后实施了量化宽松政策，到当年10月，日本的量化宽松政策总规模达到91万亿日元。此外，日本还把基准利率长期维持在0—0.1%不变。[②]

由于全球经济的相互依赖性和发达经济体与新兴经济体国际经济地位的不平等性，发达国家集体实施的量化宽松政策给发展中国家带来了巨大的负面溢出效应或负外部性。首先，发达经济体特别是美国由于其货币享有的国际筹备货币的身份，其量化宽松政策的诸多经济成本在很大程度上能够被转嫁至其他国家。美国的量化

① 汤柳、王旭祥：《欧洲量化宽松政策前景难料》，《中国金融》2012年第11期，第63页。

② 王琳、褚建平：《日本和英国新一轮量化宽松政策评介》，《银行家》2012年第4期，第76页。

宽松等于是通过美元贬值来蚕食新兴经济体手上的以美元形式存在的外汇储备资产的价值。量化宽松引发的美元贬值会给持有美元资产的投资者带来潜在的巨大损失。以 2012 年 11 月底的数据为例，在美国国债的最大持有国当中，中国、巴西和俄罗斯分列第一、第四和第八位，总共持有超过 15912 亿美元的美国国债。如此巨量的债权规模下，美元汇率的略微贬值都会给国债持有国带来巨大损失。此外，美元的贬值导致国际上以美元定价的大宗商品价格上涨，导致新兴经济体面临输入性通货膨胀的压力。发达国家量化宽松所创造出的流动性或“热钱”涌入新兴经济体后，使得新兴经济体维护金融体系稳定的难度大为增加。

在美国的几轮量化宽松政策推出之后，新兴经济体经历了明显的资本流入，溢出效应明显。以亚太地区为例，亚太新兴经济体在美国第一轮量化宽松期间每季度就新增 1650 亿美元的外汇储备，而在第二轮量化宽松期间，这些国家每季度新增 1850 亿美元的外汇储备。① 巴西也经历了类似的经济活动的变化。随着美国量化宽松政策的实施，巴西的通胀、消费和实体经济活动也随之

① 宋国友：《全球量化宽松、新兴经济体与国际金融治理》，《国际观察》2013 年第 2 期，第 75 页。

上升，汇率名义升值 7.3%，实际升值 9.3%，总资本流入增加 13.9%，其中证券投资类的资本流入增长 17.6%，社会信贷相对 GDP 规模上升 0.9 个百分点，而股市市值相对 GDP 上升 4.4 个百分点。① 中国学者在 2011 年论及中国经济当时面临的挑战时也指出，“最直接的挑战来自欧美国家货币政策的冲击。已经有经验研究表明，美联储新发行的美元中，有超过 30%的美元最终流向中国。国际金融危机爆发 3 年多的时间里，也恰是我国外汇储备增长最快的时期。”②

在“热钱”涌入获利之后，又会快速出逃，导致新兴经济体的金融动荡。而 1997 年亚洲金融危机殷鉴不远，当时引发危机的重要因素就是国际短期资本的迅速涌入和突然流出。显而易见，美国的量化宽松政策对中国在内的新兴经济体的资本市场和金融体系的稳定带来了巨大的挑战。

---

① Joao Barata R. B. Barroso, Luiz A. Pereira da Silva and Adriana Soares Sales, “Quantitative Easing and Related Capital Flows into Brazil: Measuring Its Effects and Transmission Channels Through a Rigorous Counterfactual Evaluation,” Working Papers Series 313, Central Bank of Brazil, Research Department，转引自高海红等著：《二十国集团与全球经济治理》，北京：中国社会科学出版社 2016 年版，第 222 页。

② 卢周来、唐永胜、沈志华：《欧美社会经济危机与中国宏观政策选择》，《国外理论动态》2011 年第 12 期，第 136 页。

为了缓解发达国家量化宽松政策带来的冲击，包括中国在内的发展中国家普遍通过调整利率、稳定汇率和资本管制等政策手段进行应对。以汇率政策为例，新兴经济体为缓解本币升值压力，普遍采取了稳定汇率的政策。在2009年至2010年，中国考虑到金融危机对本国经济的冲击，停止了进一步人民会汇率改革的步伐，把人民币对美元汇率维持在1：6.8左右。巴西货币雷亚尔同样面临着严重的升值压力，这抑制了本国产品的对外出口。巴西政府采取各种措施来控制雷亚尔的汇率，减缓其升值的速度。俄罗斯也于2009年实施了卢布“平稳贬值”的汇率政策，希望通过汇率的贬值来实现经济稳定。①

此外，发展中国家还充分利用二十国集团等国际组织平台发出声音，表达对发达国家持续量化宽松政策的不满。在美国于2010年11月决定推出第二轮量化宽松政策时，中国与其他发展中国家在二十国集团首尔峰会上公开发声，不点名地批评美国的这一政策。② 第一次是参加二十国集团首尔峰会的中国代表团11月11日在

① 宋国友：《全球量化宽松、新兴经济体与国际金融治理》，《国际观察》2013年第2期，第76页。

② “China's Economic Tightening and the G-20 Summit,”Stratfor Analysis, November 1, 2010.

首尔举行中外媒体吹风会，出席吹风会的财政部国际司司长郑晓松就美联储推行的第二轮量化宽松货币政策发表了看法，表示发达国家面对全球经济失衡，要采取负责任的宏观经济政策，特别是储备货币发行国在制定经济政策时，不应只考虑本国的经济利益，也要考虑对世界经济的影响。第二次来自中国国家主席胡锦涛，胡锦涛主席在11月12日的峰会上发表《再接再厉　共促发展》的演讲时呼吁美国应采取更加“负责任的政策”：“主要储备货币发行经济体应该实施负责任的政策、保持汇率相对稳定，增强新兴市场国家和发展中国家应对金融风险能力，缓和并逐步解决造成外汇流动性风险的根本矛盾。”①

第三节　全球经济失衡议题

2010年可谓二十国集团峰会的一个分水岭。当危机恶化的威胁逐渐消失，集团内成员的分歧便开始显露出来，峰会前两年各国同舟共济的精神也消失殆尽。2010年二十国集团首尔峰会上的分歧不只限于上述以美国为

① 《胡锦涛在二十国集团领导人第五次峰会上的讲话（全文）》，人民网，2010年11月12日，http://politics.people.com.cn/GB/1024/13198420.html。(2018年7月20日登录)

首的发达经济体和以中国为代表的新兴经济体之间关于发达国家量化宽松政策的矛盾，全球经济失衡这个危机前的老议题也以新的方式进入了峰会的议程，成为成员间的一个新的分歧点。而全球经济失衡之所以成为二十国集团的议题，其原因在于各国在2008年和2009年应对危机的各种刺激性政策工具虽然缓解了流动性危机，稳定了金融市场，但是并没有真正解决世界经济运行当中的结构性问题和矛盾，而这些结构性问题和矛盾与亚洲金融危机和2008年全球金融危机的爆发有着千丝万缕的联系。

大体而言，全球经济失衡分为三类：一是以贸易和经常账户失衡为代表的外部经济失衡，二是以一国储蓄与投资为指标的国内失衡，三是以资本和金融账户以及外汇储备为代表的国际金融往来失衡。① 二战结束以来的全球经济失衡与国际经济体系中美国的主导地位尤其是美元霸权相伴而生，息息相关。有学者指出，“以美元本位为中心的国际货币体系才是全球失衡的根本原因。”② 在美元霸权之下，发展中国家必须以美元作为储

① 高海红等著：《二十国集团与全球经济治理》，北京：中国社会科学出版社2016年版，第228页。

② 杨松：《基于全球化视角反思全球失衡的根源》，《改革与战略》2012年第5期，第20页。

备和国际结算货币参与和开展国际贸易与交往，通过出口大量低附加值的消费品换取美元外汇，这些美元外汇又以投资或借贷的方式回流美国。美元霸权之下的这一贸易与金融活动必然带来全球经济的失衡。而且全球经济失衡也形成了自身演变的基本模式：全球经济增速越高，全球失衡越严重。

以外部经济失衡为例，美国最早于20世纪70年代初出现经常账户赤字后，一直延续至今。在这一期间，美国经常账户失衡经历了三次主要的调整，分别是20世纪70年代初石油危机后的1977—1980年，1985年广场协议和1987年罗浮宫协议后的1987—1990年，以及2008年美国金融危机后的失衡调整。从调整的结果来看，虽然在短期内，美国的经常账户失衡情况均有所改善，但在更长的时间框架内，在每一次调整后，失衡情况都出现了进一步的扩大。①

进入21世纪以后，美国经常账户赤字进一步增加，到2009年金融危机爆发前达到顶峰。② 全球外部账户失衡的情况与美国经常账户赤字的变化基本一致。除去个

---

① 雷达、赵勇：《全球经济再平衡下的中美经济：调整与冲突》，《南开学报（哲学社会科学版）》2013年第1期，第15页。

② 雷达、赵勇：《全球经济再平衡下的中美经济：调整与冲突》，《南开学报（哲学社会科学版）》2013年第1期，第15页。

别国家，全球外部账户失衡大致可以划分为两大阵营：以美国为代表的发达国家逆差阵营和以中国为代表的新兴经济体的顺差阵营。近三十年以来全球外部账户失衡变化的总体格局如下：20 世纪最后十年相对平稳，21 世纪初失衡迅速扩大，2008 年至 2009 年金融危机期间失衡收缩，2010 年全球经济复苏后失衡重返逐步扩大的通道。

在 2008 年金融危机爆发前全球经济失衡加深的时候，这一问题已经得到世界各国的关注和重视。各国都承认失衡的存在，普遍担忧失衡可能带来的问题，也都为了世界经济的再平衡或多或少采取了一些措施进行经济的结构调整。当时具有争议的是美国等发达经济体对这一问题做出的诊断——将全球经济失衡归因于其他国家的储蓄率过高和货币汇率过低。如前文所引，美联储时任主席伯克南 2006 年指出，美国经常项目逆差是由新兴经济体的“储蓄过剩”（savings glut）造成的。① 而美国 2006 年的《总统经济报告》也将美国高居不下的贸易赤字归结于别国的高储蓄率。② 显然，美国将全球经济

① 转引自 “A Survey of the World Economy,” *The Economist*, September 16, 2006, p. 26。

② The White House, *Economic Report of the President*, February 2006, http://www.gpoaccess.gov/eop/2006/2006_erp.pdf.（2016 年 3 月 15 日登录）

失衡的责任归结为别国的政策，却倾向于对美国自身储蓄率过低和美元霸权之下发达国家与发展中国家不平等的经济地位等问题视而不见。顺着美方这一因果关系的链条，小布什政府抛出别国货币币值过低论。由于中国是当时美国贸易逆差的主要来源国，人民币便成为主要目标，中美之间就人民币币值的博弈也成为小布什时期中美经贸关系的重要内容。

与此同步的是，二十国集团部长会议在2005年就已经开始关注全球经济失衡问题。在2005年10月的二十国集团北京财长和央行行长会议上，明确提出要“加强全球合作，实现世界经济的平衡有序发展”，并明确提出“决心实施必要的财政、货币和汇率政策，加快结构调整，以期解决失衡问题，化解风险”①。到了2007年南非开普敦二十国集团会议，为了确保世界金融市场的稳定，该集团还对世界主要经济体如何应对失衡提出了建议，“美国应采取措施提高本国储蓄水平，欧盟应进一步通过改革加快发展，日本应进一步推进结构改革和巩固财政，亚洲新兴市场经济体要通过改革刺激内需，

① 参见加拿大多伦多大学主办的“二十国集团信息中心”（G20 Information Center）网站，“Communique,” Meeting of Finance Ministers and Central Bank Governors, Xianghe, Hebei, China, October 15-16, 2005, http://www.g20.utoronto.ca/2005/2005communique.pdf。（2018年8月2日登录）

而产油国应注重宏观经济的稳定”等。①

2008年金融危机爆发后，在2008年的首届二十国集团华盛顿首脑峰会和2009年4月的英国伦敦第二届峰会上，各国并未关注全球经济失衡问题。究其原因，一方面，各国为了使全球经济迅速从危机中复苏，更为关注如何应对金融危机的不利影响及国际金融体系的改革；另一方面，2008年至2009年金融危机期间全球经济失衡有所收缩，该问题的紧迫性也随之降低。

但是到了2010年，全球经济失衡又开始加深，成为国际社会关注的对象。正是在这样的背景之下，在金融危机的应急措施落地之后，在各国政府经济复苏政策的制定过程中，再平衡的重要性被加以强调。不仅二十国集团不断强调平衡的经济增长方式对全球经济复苏的重要性，中美两国也在危机后的经济政策取向中纳入了对经济再平衡的考虑，将更多的精力用于各自经济结构和经济增长方式的改革与优化。对于中国而言，出于对经济增长的可持续性以及减少对外部需求的依赖性的考虑，调整经济结构、转变经济增长方式、促进贸易结构平衡以及提高国内需求水平等成为主要的政策目标。而美国

① 转引自刘威、李同稳、王钊：《G20治理对全球经济失衡演变的影响研究》，《武汉大学学报（哲学社会科学版）》2013年第6期，第98页。

政府则不断强调实体经济发展的重要意义，通过“出口倍增计划”和“再工业化”，以期“重振美国的制造业”。[①] 因此，就中美两国金融危机后的政策取向而言，由于“再平衡”这一共同目标的存在，两国的经济政策具有统一性，也有巨大的合作空间。[②]

在全球经济再平衡问题上，美国反应最快。随着2009年下半年美国经济的逐步复苏及国际金融危机不利影响的逐步消退，美国总统奥巴马在2009年9月二十国集团第三届匹兹堡首脑峰会上就提出了《强劲、可持续和平衡增长框架》，首次将确保全球经济再平衡作为二十国集团峰会的主要议题之一。之后2010年及2011年的二十国集团首脑峰会和财长与央行行长会议，都相当重视全球经济失衡治理问题，并开始了全球经济失衡治理的制度化进程。

美国之所以在全球经济再平衡问题上如此主动，一方面，前文所述的美国在二十国集团平台上主导议程设置的需要，以便掌握全球经济治理的主动权。另一方面，美国通过将全球经济治理的重心重新定义为全球经济再

① 关于奥巴马政府实施的“再工业化”计划，参见宋国友：《再工业化与美国经济增长》，《外交评论》2013年第3期，第67—78页。

② 雷达、赵勇：《全球经济再平衡下的中美经济：调整与冲突》，《南开学报（哲学社会科学版）》2013年第1期，第14页。

平衡，意在模糊金融危机的根源，转移视线，将经济调整的责任和成本转嫁到其他国家身上。关于金融危机爆发的主要原因，比较一致的看法是21世纪初美国国内为了刺激经济增长而长期采取的宽松的货币政策和对金融创新的疏于监管。正如诺贝尔经济学奖得主斯蒂格利茨（Joseph Stiglitz）指出，引发金融危机的两个最主要的因素是美国自21世纪初“互联网泡沫”破裂以来一直实施的放松金融管制和低利率政策。① 2008年11月二十国集团首次华盛顿峰会在《峰会宣言》中也对金融危机的根源做了明确的描述。峰会认为，危机最重要的根源是：

> 在经济高速增长时期，资本流动性日益增长并且此前十年保持着长期稳定性，市场参与者过度追逐高收益，缺乏风险评估和未能履行相应责任。同时，脆弱的保险业标准、不健全的风险管理行为、日益复杂和不透明的金融产品以及由此引发的过度影响，最终产生了体系的脆弱性。在一些发达国家，决策者、监管机

① Joseph Stiglitz, “How to Get Out of the Financial Crisis,” *Time*, October 17, 2008.

> 构和管理者没有充分地意识到并且采取措施应对金融市场正在扩大的风险，未能及时实施金融革新或者未能考虑本国监管不力所产生的后果。①

显然，峰会认为危机主要原因美国等发达国家“缺乏风险评估”，同时“监管不力”。峰会宣言虽然同时也提到了“不一致和不够协调的宏观经济政策、不充分的结构改革，这阻碍了全球宏观经济可持续发展”，② 但在认定危机主要责任者时矛头指向的是美国等发达国家。

美国在2009年9月的二十国集团匹兹堡峰会上再次提出全球经济再平衡概念之后，得到了包括国际货币基金组织、欧洲国家在内的明确赞同，也得到了一些发展中国家的呼应，因为各国都意识到全球经济和各国经济的结构性问题，需要通过调整加以平衡。但是，与2008年危机前引发的全球经济再平衡争议一样，各国对再平衡的根源和解决措施的认识不一致。美国并未反思全球经济失衡背后的真正根源——美元霸权，而是将美元霸

① 《峰会宣言全文》，2008年11月15日，华盛顿，第1页，http://www.g20.utoronto.ca/cn/docs/cn-g20-2008-1115.pdf。（2018年8月2日登录）

② 《峰会宣言全文》，2008年11月15日，华盛顿，第1页，http://www.g20.utoronto.ca/cn/docs/cn-g20-2008-1115.pdf。（2018年8月2日登录）

权当作各国必须接受的既成事实，在贸易逆差等全球经济失衡的表象上大做文章。由于美国常年保持对外贸易的逆差，使得美国在这一问题上更容易将自身装扮成一个受害者的形象：是因为美国的贸易对象储蓄高、币值低，导致了美国的贸易逆差，造成了世界经济的失衡，因此，世界上的贸易顺差国需要对经济失衡承担责任，它们需要通过升值货币，扩大内需，进一步开放市场，来平衡全球经济。

美国在二十国集团等多边平台上以及与他国的双边谈判中，都是按照上述逻辑提出治理全球经济失衡的美国方案。鉴于中国当前在美国贸易逆差结构中的地位，中国在全球经济失衡议题上又成为美国的主要矛头。如前所述，中美贸易不平衡是进入21世纪以来一直困扰中美关系的一个问题。金融危机后的2009年，美国的对华贸易逆差虽然有所减少，但是这一减少并没有给双边经贸关系带来正面的影响。表7表明，美国的对华贸易逆差从2008年的2680.398亿美元下降到了2009年的2268.261亿美元，减少了15.4%。但是，这并不能减缓美国对华贸易赤字的担忧。在美方看来，相对于其对外贸易逆差总额38.6%的降幅，对华贸易逆差降幅太小。对中方最为不利的是，美国对华贸易逆差在美国对外贸易逆差总额中的比例上升了，从2008年的32.8%上升到2009年的45.3%。在小布什政府时期，中国之所以成为美国对外经济政策的主要目标，一个重要原因就是中国是美国贸易逆差的最大来源国。待到2009年美国对华贸易逆差在其对外贸易逆差总额中的比例爬升到45.3%，美国的压力就更加集中到中国的身上。

表7　2008—2009年美国的对华贸易和全球贸易（亿美元）

	出口		进口		贸易逆差		
	对华贸易	全球贸易	对华贸易	全球贸易	对华贸易	全球贸易	%*
2008年	697.328	12874.410	3377.726	21036.410	2680.398	8162.000	32.8%
2009年	695.760	10568.680	2964.021	1558.130	2268.261	5012.650	45.3%
增长率（%）	-0.2	-17.9	-12.3	-25.9	-15.4	-38.6	

*此列是美国对华贸易逆差占其全球贸易总逆差的百分比。

资料来源：美国人口普查局（U.S. Census Bureau）外贸数据（Foreign Trade Statistics），http://www.census.gov/foreign-trade/balance/c5700.html; http://www.census.gov/foreign-trade/balance/c0004.html，转引自顾国平：《金融危机阴影下的美国对华经贸政策》，《国际论坛》2011年第4期，第61页。

因此，从2009年下半年开始，曾在金融危机最严重的时期一度淡出幕后的人民币汇率问题又成为中美经贸关系的一个中心议题，参议员舒默（Charles Schumer）

和格拉汉姆（Lindsey Graham）联名其他参议员提出法案，威胁中国若不让人民币升值，将实施惩罚性关税。而130位众议员也于2010年3月15日联名向时任财政部长盖特纳和商务部部长骆家辉写信，要求将中国认定为“货币操纵国”。[①] 就对二十国集团议程的影响来说，在2010年多伦多峰会前，美国便着手分化和拉拢中国周边国家及印度、巴西等新兴大国，组成“国际统一战线”，在二十国集团平台上力促人民币升值。[②] 2010年10月20日，美国财长盖特纳以解决“全球经济失衡”为名向二十国集团的各国财长写信，除了要求顺差国家的货币升值，还建议对经常项目顺差或逆差设置量化标准，使其不高于国内生产总值4%。[③] 在美国的主导和压力之下，到了2010年11月首尔峰会，汇率问题便成为主要议题之一。全球经济失衡问题也与发达国家量化宽松政策一起，成为中美在首尔峰会上冲突的焦点。[④] 与

① 参见顾国平：《金融危机阴影下的美国对华经贸政策》，《国际论坛》2011年第4期，第65页。

② 赵瑾：《G20：新机制、新议题与中国的主张和行动》，《国际经济评论》2010年第5期，21页。

③ U. S. Department of Treasury, *Dear G-20 Colleagues Letter*, October 20, 2010.

④ Stephen Kirchner, “The G20 and Global Governance,” *CATO Journal*, Vol. 36, No. 3, Fall 2016, p. 498.

前文所述中国国家主席胡锦涛在峰会发言中委婉地批评美国在货币政策上不负责任相呼应的是，美国总统奥巴马在峰会之后召开的新闻发布会上，对中国指名道姓进行谴责。奥巴马指责中国使用大量金钱干预市场以维持人民币币值保持低位，认为贸易顺差国必须改变对出口的不健康依赖，必须让汇率反映经济的现实情况。①

美国提出的让其他国家承担全球经济再平衡责任的方案，遭到了包括中国在内的新兴经济体的反对。在金融危机之后，无论从美元的国际储备货币地位、美国金融市场的相对活力及技术领域的创新情况来看，美国的金融中心地位及美元的强权货币地位都没有发生根本改变，相应的国际分工体系也没有大幅调整，这就决定了危机之后各国的经济增长模式与危机前相比，短期内不会有较大改变。因此，在缺乏重大的技术、制度创新的背景下，全球经济的复苏只能是重回经济失衡的传统路径，而围绕复苏的经济再平衡也必然会缺乏均衡调整的长期动力。② 由于中国等国的反对，《首尔宣言》并没有

① "Press Conference by the President After G20 Meetings in Seoul, Korea," The White House Office of the Press Secretary, November 12, 2010, https://obamawhitehouse.archives.gov/the-press-office/2010/11/12/press-conference-president-after-g20-meetings-seoul-korea.（2018 年 6 月 20 日登录）

② 雷达、赵勇：《全球经济再平衡下的中美经济：调整与冲突》，《南开学报（哲学社会科学版）》2013 年第 1 期，第 15 页。

吸纳美方关于全球经济再平衡的诉求，但首尔峰会确定了由二十国集团财长会议负责全球经济再平衡的“参考性指南”的设计。

首尔峰会之后，美国对中国汇率问题紧盯不放，2011年2月，美国财长盖特纳又在二十国集团财长和央行行长巴黎会议上直接向人民币开炮，认为人民币还是“严重低估”，中国政府调整汇率的幅度太小。① 在这次财长会议上，各成员方就全球经济失衡的评估指标达成了初步协议，提出界定各国经济失衡及其治理成功与否的指标体系：第一，确定将公共债务、财政赤字、私人储蓄率和私人债务等指标，作为界定一国内部经济失衡的主要指标；第二，确定将贸易账户、净投资收益与转移账户等指标，作为界定一国外部经济失衡的指标，并适当考虑用汇率、财政、货币和其他政策性指标，衡量一国经济失衡。由于新兴经济体的反对，在该体系中，对中国、印度、巴西等外汇储备增长较快国家不利的国际储备指标和汇率指标没有被列入。②

---

① Liz Alderman, “As G20 Leaders Set Deal, Geithner Criticizes China,” *The New York Times*, February 20, 2011, p. 10.

② 刘威、李同稳、王钊：《G20治理对全球经济失衡演变的影响研究》，《武汉大学学报（哲学社会科学版）》2013年第6期，第98页。

第四节　气候变化议题

气候变化议题是中美两国在二十国集团平台上的另一个重要的互动领域。在这一议题上，中美两国经历了从2009年哥本哈根全球气候大会上的分歧大于合作，到2015年巴黎气候大会上的合作大于分歧的过程。在这一变化的背后，两国在气候变化问题上的利益和身份认知都发生了巨大的转变。

一、二十国集团的气候变化议题

一般而言，国际社会所讨论的气候变化问题，主要是指温室气体增加产生的气候变暖问题。在二十国集团参与全球气候治理之前，国际社会已经为控制温室气体排放和气候变化危害作出了诸多努力。全球气候治理进程上里程碑式的事件是1992年联合国环境与发展大会通过《联合国气候变化框架公约》，确立了发达国家与发展中国家“共同但有区别的责任”原则，提出到90年代末使发达国家温室气体的年排放量控制在1990年的水平。第二个里程碑式的事件是1997年通过的《京都议定书》。议定书规定了6种受控温室气体，明确了各发达国家2008—2012年削减温室气体排放量的比例，并且允许发达国家之间采取联合履约的行动。发展中国家温室气体的排放尚不受限制。2007年12月，各国又达成巴厘路线图，要求发达国家应该相对于1990年的排放水平减25%—40%以上，确定就加强《联合国气候变化框架公约》和《京都议定书》的实施分头展开谈判。

回顾二十国集团的历史，气候议题受到重视始于2007年在南非召开的二十国集团部长会议，部长们将气候变化议题与经济议题联系了起来。之后，气候变化问题被反复嵌入其经济议题，成为二十国集团议题演变和制度化进程的一部分。气候变化与促进经济复苏和经济增长存在密切的关联性，世界各国有效应对气候变化问题，需要通过发展更加低碳的工业技术来限制温室气体排放，进而促进经济增长和就业，并增加商业和投资机会。气候议题进入二十国集团峰会议程始于2009年4月在英国伦敦召开的第二次峰会，东道主英国将气候议题与信贷恢复和国际金融机构改革等议题列为会议的重要议题。为了推动将于2009年12月召开的哥本哈根世界气候大会，2009年9月的二十国集团美国匹兹堡第三次峰会在其公报中明确表示：决心采取有力行动应对气候变化威胁；重申《联合国气候变化框架公约》的目标、条款和原则，包括“共同但有区别的责任”的原则；强化《联合国气候变化框架公约》作为谈判主体制度的地位，并推动在哥本哈根大会上达成包括减缓、适应、技术和资金的协议。① 匹兹堡峰会之后，气候变化问题成为历次峰会的重要议题。2009—2017 年二十国集团峰会议程变化参见表 8。

表 8　2009—2017 年二十国集团峰会与气候议题

峰会	年份	气候议题类型	具体作用
伦敦峰会	2009	新兴议题	二十国集团峰会首次讨论气候变化
匹兹堡峰会	2009	核心议题（公报第 32 条）	推动哥本哈根世界气候大会
多伦多峰会	2010	一般性议题（公报第 41 条）	支持《哥本哈根协议》的落实
首尔峰会	2010	核心议题（公报第 66 条）	推动坎昆会议取得平衡、成功的结果
戛纳峰会	2011	核心议题（公报第 21 条）	推动德班气候变化大会

① 参见“G20 Leaders Statement: The Pittsburgh Summit,” September 24-25, 2009, Pittsburgh, http://www.g20.utoronto.ca/2009/2009communique0925.html。（2018 年 6 月 20 日登录）

续表

峰会	年份	气候议题类型	具体作用
洛斯卡洛斯峰会	2012	一般性议题（公报第71条）	设立气候变化融资研究小组，与坎昆协议保持一致
圣彼得堡峰会	2013	核心议题（公报第100、101、102条）	落实坎昆、德班和多哈会议的成果
布里斯班峰会	2014	一般性议题（公报第19条）	推动绿色气候基金，通报国家自主决定的贡献
安塔利亚峰会	2015	一般性议题（公报第24条）	推动巴黎气候大会，控制气温升幅低于2℃的目标
杭州峰会	2016	核心议题（主席国声明及公报第19条）	推动《巴黎协定》实施
汉堡峰会	2017	一般性议题	分歧较大，但还是达成二十国集团领导人汉堡峰会公报》

资料来源：2009—2016年部分参见董亮：《G20参与全球气候治理的动力、议程与影响》，《东北亚论坛》2017年第2期，第62页；2017年部分由笔者根据峰会公报整理。

美国和中国既是二十国集团内最大的发达国家和发展中国家，同时也是当今世界上最大的温室气体排放国，其温室气体的排放量占全球总排放量的42%。[①] 因此，

① 转引自薄燕：《中美在全球气候变化治理中的合作与分歧》，《上海交通大学学报（哲学社会科学版）》2016年第1期。

这两个国家不仅承担着应对气候变化的重大责任，它们的立场和政策也对全球气候谈判和气候变化治理的进程有着关键的影响。在全球参与气候变化治理的国家和地区中，欧盟及其成员国发挥着重要的领导作用，而美国和中国的立场介于积极和不积极之间。就美国和中国两国之间在气候谈判中的互动而言，两国经历了从 2009 年哥本哈根全球气候大会上的分歧大于合作，到 2015 年巴黎气候大会上的合作大于分歧的过程。其间，两国在气候谈判问题上的利益认知和身份都发生了巨大的转变。龙盾指出，“哥本哈根会议中的中美在身份定位上均为非责任者，并认为气候减排行动将造成国家利益损失，因此合作失败；在巴黎会议中的中美都承认大国在气候减排上的责任者身份，并以发展国内低碳经济为主导实现减排，从而实现了大国合作。”①

二、分歧

中美两国在气候谈判中分歧的焦点在于如何确定各自与对方的气候治理责任。在国际体系无政府状态下，国家都表现出较强的利己主义偏好，主要目的在于实现

① 龙盾：《身份、利益与大国合作：以哥本哈根和巴黎气候谈判中的中美关系为例》外交学院博士论文，2017 年，内容摘要。

和维护国家利益。国家的利己主义偏好同样适用于国际气候谈判。正如有的学者指出的那样，“从国内因素和国家利益的角度出发，包括中国和美国在内的大国参与国际气候谈判的目的都是维护个体利益的最大化。”①

中美两国的第一个也是最主要的分歧围绕发达国家和发展中国家“共同但有区别的责任”原则展开。这一原则最早由 1992 年达成并于 1994 年生效的《联合国气候变化框架公约》确定。该公约阐明了国际气候变化治理的最终目标和指导原则，公约的第 3.1 条明确规定了“公平”和“共同但有区别的责任和各自能力原则”，区分了发达国家和发展中国家在减排方面的不同责任。在 1997 年日本京都举行的气候大会中，与会国根据“共同但有区别的责任”原则承认工业发达国家对全球性和区域性的气候问题负有“主要的历史排放责任”。据此《京都议定书》区分了发达国家和发展中国家的不同责任：发达国家将从 2005 年开始承担具体而明确的温室气候减排责任，发展中国家自愿选择是否参与气候减排行动。在 2007 年制定的“巴厘路线图”中提出的在 2020

① Detlef Sprinz and Tapani Vaahtoranta, “The Interest-based Explanation of International Environmental Policy,” *International Organization*, Vol. 48, No. 1, December 1994, p. 78.

年前将温室气体排放量相比于1990年减少25%—40%的要求，也主要是针对发达国家。

然而，随着国际经济格局和温室气体排放格局的演变，美国在2007年巴厘岛气候会议之后，对“共同但有区别的责任和各自能力原则”做出了新的解释。第一，主要的发展中国家应与发达国家采取一致行动；第二，应根据经济规模、排放水平、能源利用程度将发展中国家进行分类，并据此确定各自责任；第三，谈判必须考虑发展中的小国或最不发达国家的责任与那些比较大的、发展较快的发展中国家的责任是不同的。[①] 这一由小布什政府执政后期提出的试图重构“共同但有区别的责任和各自能力原则”的做法在奥巴马政府时期得到了继续，也为2009年哥本哈根全球气候大会上中美之间的公开分歧埋下了伏笔。

奥巴马在2009年初上任之后，在全球气候治理领域表现得比前任积极，“试图纠正并弥补前任政府在气候变化问题上的放任政策给美国领导地位带来的损失，努力将气候变化当作美国外交政策的一个焦点，以此来确定美国宏观外交进程，进而掌握作为全球核心议题的气

---

① 参见薄燕：《中美在全球气候变化治理中的合作与分歧》，《上海交通大学学报（哲学社会科学版）》2016年第1期，第22页。

候变化问题的主导权，重新确立其在世界事务中的领导地位”。[①] 在哥本哈根气候大会前，奥巴马政府担忧限制减排将增加经济成本，同时囿于国会掣肘，提出至2020年将美国的温室气体排放在2005年基础上削减17%，相当于在1990年基础上减排约4%。这一目标是对京都机制所要求的美国在1990年基准上减排7%的要求的自我削减。因此，奥巴马政府在哥本哈根会议中对气候减排的承诺只是一种态度，其真正的意图是将责任转嫁给发展中国家以模糊其减排责任，转移焦点。

中国政府在哥本哈根气候大会前后从能力与责任的双重角度考虑国际利益，坚持国际气候谈判原有的成果和对“共同但有区别的责任和各自能力原则”的最初解读，目的是维护自己应有的发展权益和空间，不承担与自身发展阶段不相符的温室气体减排、限排义务。中国政府为哥本哈根会议的召开做了积极的准备工作。首先，中国郑重承诺，到2020年为止，将中国单位GDP碳强度在2005年的基础上减少40%—45%。其次，在谈判前，中国史无前例地发表了《落实巴厘路线图：中国政府关于哥本哈根气候变化大会的立场》，详细阐述了中

① 李海东：《奥巴马政府的气候变化政策与哥本哈根世界气候大会》《外交评论》2009年第6期，第24页。

国在哥本哈根气候大会上将坚持的具体原则和目标。[1]中国坚持自主作出气候减排的承诺，认为要求发展中国家承担量化的气候减排目标是不公正的。中国表示愿意自主地承担相应的责任，但不是主要的责任。首先，减排的社会经济成本过高，超出中国当时的承受能力。其次，就温室气体排放的历史责任而言，“中国的人口是美国的4.5倍，温室气体的历史贡献只有美国的1/4；在人均水平上，中国的人均全球温升贡献率只有美国的1/100；从道义责任来看，中国未来承诺到2020年在2005年的水平上减排40%—45%的目标已经超出了中国作为发展中国家需要承担的义务”。[2]

正如时任中国国务院总理温家宝在哥本哈根气候变化大会上的发言中所指出的那样，国际气候谈判首先要保持成果的一致性。“《联合国气候变化框架公约》及其《京都议定书》是各国经过长期艰苦努力取得的成果，凝聚了各方的广泛共识，是国际合作应对气候变化的法律基础和行动指南，必须倍加珍惜、巩固发展。本次会

---

① 参见《中国政府阐明关于哥本哈根气候变化会议的立场》，中国新闻网，2009年5月21日，http://www.chinanews.com/gn/news/2009/05-21/1702566.shtml。（2018年8月2日登录）

② 王伟光、郑国光主编：《应对气候变化报告（2010）：坎昆的挑战与中国的行动》，北京：社会科学文献出版社2010年版，第19页。

议的成果必须坚持而不能模糊公约及其议定书的基本原则，必须遵循而不能偏离‘巴厘路线图’的授权，必须锁定而不能否定业已达成的共识和谈判取得的进展。”其次要坚持规则的公平性。

“共同但有区别的责任”原则是国际合作应对气候变化的核心和基石，应当始终坚持。近代工业革命200年来，发达国家排放的二氧化碳占全球排放总量的80%。如果说二氧化碳排放是气候变化的直接原因，谁该承担主要责任就不言自明。无视历史责任，无视人均排放和各国的发展水平，要求近几十年才开始工业化，还有大量人口处于绝对贫困状态的发展中国家承担超出其应尽义务和能力范围的减排目标，是毫无道理的……应对气候变化必须在可持续发展的框架下统筹安排，决不能以延续发展中国家的贫穷和落后为代价。发达国家必须率先大幅量化减排并向发展中国家提供资金和技术支持，这是不可推卸的道义责任，也是必须履行的法律义务。发展中国家应根据本国国情，在发达国家资金和技术转让支持下，尽可能减缓温室气体排放，适应气候变化。①

美国和中国在气候谈判中的不同立场引发了国际社会原先在发达国家和发展中国家之间阵营对立的新的分化。美国开始与欧盟等其他坚持强制减排、发挥气候谈判领导权的发达国家或组织分道扬镳，拒绝接受强制量化的减排任务。而在发展中国家阵营中，饱受气候变暖危害的小岛屿国家和极不发达国家不仅指责发达国家的拖延和敷衍，而且还明确地对中国、印度等发展中大国表达出越来越强烈的不满，要求它们也为其增长的温室气体排放量负责。原先的阵营出现了分化，导致国际气候谈判陷入多重博弈之中，也使得哥本哈根全球气候大会未能取得预期的结果。

具体到2009年哥本哈根气候大会，会议从2009年的12月7日开始，18日闭幕，目的是在《联合国气候变化框架公约》之下达成2012年之后的全球应对气候变化的合作行动。与会国从大会一开始，分歧就十分明显。围绕着如何履行“共同但有区别的责任”问题，会议各

① 《温家宝总理在哥本哈根气候变化峰会上的讲话（全文）》，来源：新华网，CRI online，2009年12月19日，http://news.cri.cn/gb/27824/2009/12/19/2625s2708808.htm。（2018年8月2日登录）

方在气候减排责任的不同形式、努力水平和是否具有可核实性上存在争议。包括美国在内的部分国家，试图使所有的谈判方都承担具体的减排目标，而大部分的发展中国家是拒绝接受这种有违公平标准的提议。在如何为应对气候变化的公共产品提出真正可行的方案上，以中国和美国分别代表不同的阵营出现立场对立与冲突：英国、美国、丹麦等国提出“丹麦草案”，中国、巴西、印度、南非等“基础国家”则提出的“北京文本”（也被称为“基础四国草案”），两者的核心分歧在于温室气体减排的计划和目标。“丹麦草案”代表了欧盟和美国的联合立场，核心是“为缔约国设定了双‘50’的减排目标，即到2050年全球温室气体的排放量应在1990年排放量的基数上削减50%”。[①] 同时，该草案将现有的发展中国家再细分为发展中国家和最脆弱国家，最脆弱国家仍无约束性减排目标，但发展中国家有强制减排目标。

“丹麦草案”否定了《联合国气候变化框架公约》下的区别性责任原则，不仅有违全球气候治理中的公平

① 曹明德：《哥本哈根协定：全球应对气候变化的新起点——兼论中国在未来气候变化国际法制定中的策略》，《政治与法律》2010年第3期，第3页。

原则，同时也对中国、印度等发展中大国和温室气体排放大国提出了前所未有的强制性的温室气体减排目标。作为回应，中国、印度、巴西和南非等国提出了“北京文本”。这一草案主要参考了中国政府的立场：一是坚持《联合国气候变化框架公约》和《京都议定书》基本框架，严格遵循“巴厘路线图”授权，在京都机制下使发达国家的温室气体减排行动受到法律的约束；二是坚持“共同但有区别的责任”原则，要求发达国家应率先承担减排的历史责任；三是坚持可持续发展原则，确保发展中国家发展权的实现；四是坚持统筹协调和平行推进减缓、适应、资金、技术等问题。①

由于哥本哈根会议在如何确定大国的温室气体减排责任，特别是发展中大国是否应承担主要的气候治理责任上分歧明显，最终只是达成没有约束力的《哥本哈根协议》，国际气候治理的难题也留给了以后的大会。由于中国和美国是谈判分歧双方的主要代表，两国也成为各国指责的对象。相对而言，美国由于对“共同但有区别的责任”提出了新的阐释，指出中国应作为负责任的大国，承担在全球气候治理减排计划中的责任，很快获

① 参见解振华主编：《中国应对气候变化的政策与行动——2010年度报告》，北京：社会科学文献出版社2010年版，第78—79页。

得发达国家的支持。因此可以说，美国成功转移了谈判各方的关注视线，使其不再是国际气候谈判中的关注焦点，成功实现了责任转嫁，同时也促成了在国际气候谈判中巨大的角色转变：发达国家要求发展中国家首先承担量化的温室气体减排；中国取代美国被认为是应承担气候减排责任的主要国家。这也改变了《京都议定书》以来国际社会对美国强烈的批评态度，转而批评中国成为破坏哥本哈根会议的主要责任方。中国因为坚持原有的立场，被认为是在不断阻碍其他谈判方所提出的实质性的政策建议。在他国眼中，中国理直气壮地宣扬其经济发展的自由，而毫不关心对环境可能造成的影响。①

哥本哈根气候大会上“丹麦草案”和“北京文本”的对立，不仅是温室气体排放大国所代表的阵营斗争，也是中美作为温室气体排放大国在国际气候谈判中的一次正面冲突：双方都基于维护自身利益特别是减少承担气候减排责任下对国家利益的损失考虑，拒绝承担他者所要求的责任者身份和强制性的减排责任。会议最终未

---

① Radoslav S. Dimitrov, “Inside UN Climate Change Negotiations: The Copenhagen Conference,” *Review of Policy Research*, Vol. 27, No. 6, 2010, pp. 796–817.

能达成有效的全球气候治理协议。①

三、合作

哥本哈根气候会议上中美两国的公开分歧与冲突为日后的两国合作留下了空间。会议后，虽然中美之间的分歧依然存在，但是中美两国都积极谋求与对方对话与合作，双方针对多边气候谈判和国际气候机制建设的沟通和磋商不断加强，为2015年巴黎气候大会的成果奠定了基础。在中美合作的背后，有哥本哈根大会失败的教训，有国际社会的压力，有气候变化导致的自然灾害带来的反思，也有两国低碳绿色经济发展的内在驱动力。

首先，在经历了哥本哈根会议上的零和博弈失败后，美国认识到单方面地迫使中国承担首要责任是不可能的，美国必须参与并重视温室气体减排。中国也意识到在气候治理责任的承担上还需要更进一步的合作。从二氧化碳的具体排放量来看，中美两国都是国际气候谈判中无法忽视的主角。2013年，中国二氧化碳排放量95.2亿吨，占全球比重27.1%，为世界上最大的二氧化碳排放国。美国其次，排放量为59.3亿吨，占全球比重

① 龙盾：《身份、利益与大国合作：以哥本哈根和巴黎气候谈判中的中美关系为例》，外交学院博士论文，2017年，第109页。

16.9%。中国和美国的二氧化碳排放量占据世界排放总量的44%。[①] 显然，国际上要求减排的主要压力落在了中美两国身上。

虽然哥本哈根会议未能达成有效的全球气候治理协议，但是国际社会并未停止努力。如前文表8所示，在2010年至2015年的7次二十国集团峰会上，气候变化一直是峰会的议题，其中3次作为核心议题，4次作为一般性议题。中国作为当前二氧化碳的最大排放国，承受了来自“发达国家和发展中国家要求中国承担更多的减排责任和义务的压力”。[②] 美国虽然在哥本哈根气候会议上将全球气候治理的矛头从自身转移到了中国、印度等发展中大国，但因其迟迟不愿做出符合国际社会要求的量化减排承诺，没有发挥气候治理的全球领导作用，也受到越来越多的国际指责。对于2015年底的巴黎气候会议，国际社会的期望是促使重要经济实体和温室气体排放大国实现气候治理中的责任承担和国际合作，以承接2020年京都机制之后的全球气候治理议程，同时就如何控制全球气候变化达成面向2050年的中长期目标。因

① 转引自龙盾：《身份、利益与大国合作：以哥本哈根和巴黎气候谈判中的中美关系为例》，外交学院博士论文，2017年，第117页。

② 王伟光、郑国光主编：《应对气候变化报告（2014）：科学认知与政治争锋》，北京：社会科学文献出版社2014年版，第12页。

此，中国和美国在气候减排上的行动不仅是应对气候变化的需要，更代表了两国对参与全球气候治理的态度。

其次，中美和美国在全球气候灾害面前，也都无法独善其身，越来越成为气候灾害的受害者。中国不仅是目前全球最大的二氧化碳和二氧化硫排放国，也是自然灾害受灾人口最多的国家。根据世界银行2010年报告，1971—2008年，中国平均每年的干旱受灾人口为964万人，洪水和风暴受灾人口5346万人，占总人口比重的5.2%。① 美国政府也越来越清楚地认识到，气候变化将会给美国乃至全世界带来的灾害。2014年5月美国发布的《国家气候评估》（第三版）明确指出："和1895年相比，美国的年平均气温已升高了0.7—1.1℃，过去10年是美国乃至全世界最热的10年，过去50年的全球变暖主要由使用化石燃料为主的人类活动引起。并且气候变化导致美国的极端气候日益频繁且集中，美国正为气候变化付出惨重代价。仅在2012年，与气候相关的事件给美国造成的经济损失就超过1000亿美元，其中当年10月发生的'桑迪'飓风，造成的损失达到650亿

① 世界银行：《2010年世界发展报告：发展与气候变化》（胡宇光等译），第190页。

美元。”①

最后，两国低碳绿色经济的发展是其在气候变化议题上立场转变的内在驱动力。从国际背景来看，世界已经发生了前所未有的绿色能源革命，其中可再生能源已经成为全球发展速度最快的新型绿色产业。就中国能源结构而言，近年来，风能、太阳能、核能等清洁能源产业蓬勃发展，在中国的能源比重中不断上升。《中国风电发展报告 2010》预测，“2020 年，中国风电累计装机可以达到 2. 3 亿千瓦，相当于 13 个三峡电站；总发电量可以达到 4649 亿千瓦时，相当于取代 200 个火电厂”。②中国如果能利用气候变化所产生的技术机遇，占领技术制高点，就可以形成新的绿色竞争优势。这不仅能为中国提供应对高碳排放发展路径的方案，还可以为中国提供了绿色能源产业发展的创新与发展优势。美国一直就是新兴能源革命的领跑者。奥巴马政府从国家安全的角度出发，采取了比以往政府更积极的行动与态度，即积极推行“绿色经济新政”。2010 年年初，奥巴马总统谈

---

① 转引自张焕波：《全球应对气候变化政策趋势与分析》，载中国国际经济交流中心：《国际经济分析与展望（2015—2016）》，北京：社会科学文献出版社 2016 年版，第 380 页。

② 李俊峰、施鹏飞、高虎：《中国风电发展报告 2010》，海口：海南大学出版社 2010 年版，第 33 页。

及新能源时指出，“不论是核能，还是太阳能或风能，如果我们不对这些未来技术投资……那我们就会落在别人后面。”① 在后哥本哈根时期，奥巴马政府积极推进美国能源革命和国内温室气体减排，“美国承担气候减排责任不仅是因为这是其分内之事，也是美国的国际信誉和保证气候问题上美国全球领导地位的前提条件”。②

在上述因素的共同作用下，中美两国开始积极谋求对话与磋商。两国在2013年至2015年连续三年发表了《中美气候变化联合声明》。2013年4月，中美共同发布了《中美气候变化联合声明》，承诺“提升气候变化合作的规模和影响力度，以适应不断增长的解决我们所面临气候挑战的迫切要求”，从而开启了气候变化领域内中美合作的新篇章。③ 2014年11月12日，中美共同发表了第二份《中美气候变化联合声明》，宣布了两国2020年后应对气候变化行动目标。“美国计划于

① Jesse Lee, “Nuclear Energy and an Energy-Independent Future,” The White House, President Barack Obama, February 16, 2010, HTTPS://OBAMAWHITEHOUSE.ARCHIVES.GOV/BLOG/2010/02/16/NUCLEAR-ENERGY-AND-A-CLEAN-ENERGY-FUTURE.（2018年8月4日登录）

② Joseph E. Aldy and Robert N. Stavins eds., *Post - Kyoto International Climate Policy: Implementing Architectures for Agreement* (UK: Cambridge University Press, 2010), pp. xxxvi - xxxvii.

③《中美气候变化联合声明》，中国政府网，2013年4月13日，http://www.gov.cn/jrzg/2013-04/13/content_2377183.htm。（2018年8月3日登录）

2025年实现在2005年基础上减排26%—28%的全经济范围减排目标并将努力减排28%。中国计划在2030年左右二氧化碳排放达到峰值且将努力早日达峰，并计划到2030年非化石能源占一次能源消费比重提高到20%左右。”① 2015年9月，两国达成第三份《中美元首气候变化联合声明》，提出中美将致力于保证在“共同但有区别的责任”特别是在“有区别”的基础上共同推进和加强双方在气候合作上在国内外的努力，以促进和维护巴黎会议的成果。双方还表明“将加强在二十国集团、蒙特利尔议定书、国际民航组织、国际海事组织、世界贸易组织、清洁能源部长会议等作为对联合国气候变化框架公约补充的有关场合开展对话合作，推进气候变化相关问题。”②

中美两国在气候变化问题上的合作与努力，为其赢得了国际社会的支持。在巴黎气候峰会中，中国和美国都明确表示，将会在全球气候治理中承担主要的气候减排责任，特别是与其身份对应的大国责任。同时，中国

① 《2014年：中美气候变化联合声明》，环球网国际新闻，2014年11月27日，http://world.huanqiu.com/hot/2015-11/8061877.html。(2018年8月3日登录)

② 《中美元首气候变化联合声明》，新华网，2015年9月26日，http://www.xinhuanet.com/world/2015-09/26/c_1116685873.htm。(2018年8月3日登录)

和美国都将发展国内低碳经济作为内在驱动力，将气候减排行动与保障国家利益的增长相关联，双方为推动国际社会达成有力度的全球气候协议注入强劲动力。在中美减排行动的鼓舞下，2015 年 12 月 12 日，195 个缔约方在巴黎达成了新的全球气候协议——《巴黎协定》。这是既《京都议定书》之后第二份具有法律效力的国际气候协议，同时也是全球首份全面气候变化协议，为 2020 年之后全球共同行动应对气候变化做出了具体的安排。

从 2009 年哥本哈根会议到 2015 年巴黎会议，国际社会的气候变化谈判经历了从分歧到合作的曲折历程，而中美两国肩负着引领气候变化合作的责任。中美在气候变化问题上有共同的关切，两国面临着相似的压力和挑战，因此，在应对气候变化领域有广泛的合作潜力。在巴黎会议之后，中美两国继续在全球气候和环境治理领域积极磋商。气候议题也继续成为 2016 年二十国集团杭州峰会的核心议题。中国国家主席习近平在出席二十国集团工商峰会开幕式时表示，中国将积极参与全球治理，“中国的发展得益于国际社会，也愿为国际社会提供更多公共产品，同时提出全球治理应寻求利益共享，实现共赢目标，共同构建绿色低碳的全球能源治理格局，推动全球绿色发展合作。”① 奥巴马总统在杭州会见习近平主席之前，也专门提到了气候变化议题：“我们将在二十国集团内与其他国家一起致力于实现可持续和包容性的经济增长，为所有人创造机会。加入《巴黎协定》后，我们展示的是我们对全球气候治理的共同承诺。”②

第五节 小结

纵观美国和中国在二十国集团框架内经济复苏、全球经济失衡和气候变化议题上的互动，双方既有合作又有冲突，不同的议题表现出不同的特点。两国在经济刺激计划问题上经历了从刺激计划推出时的合作逐渐转向刺激计划退出阶段的分歧。金融危机期间，美国和中国几乎同步推出了史无前例的经济刺激计划，携手共同在二十国集团内发挥了大国的领导作用，为危机的缓和与

① 《习近平出席 G20 工商峰会开幕式并发表主旨演讲》，人民网，2016 年 9 月 3 日，http://politics.people.com.cn/n1/2016/0903/c1001-28689034.html。(2018 年 8 月 4 日登录)

② “Remarks by president Obama Before Bilateral Meeting with President Xi Jinping of China at the G20 Summit,” West Lake State House, Hangzhou, China, September 3, 2016, https://china.usembassy-china.org.cn/sp-09032016/. (2018 年 8 月 4 日登录)

世界经济的复苏做出了重要贡献。双方的分歧源于刺激计划在两国造成的不同后果并由此产生的对刺激计划退出的时机和方式的意见分歧。

在全球经济失衡问题上，中美两国分歧大于合作。中美两国都有优化经济结构和经济增长方式的需要和意愿，中国需要拉动内需，减少对出口的依赖，而美国则需要重视实体经济，增加储蓄，因此，两国在全球经济平衡问题上具有合作的空间和可能。但是，这一合作的可能性并未转化为现实，其原因在于美国将全球经济失衡归于别国的高储蓄率和对贸易顺差的追求，要求贸易顺差国通过货币升值和增加进口来承担平衡全球经济的责任。而中国由于是美国贸易逆差的主要来源国，首当其冲成为美国指责的对象，双方难以形成有意义的合作。

不仅二十国集团不断强调平衡的经济增长方式对全球经济复苏的重要性，中美两国也在危机后的经济政策取向中纳入了对经济再平衡的考虑，将更多的精力用于各自经济结构和经济增长方式的改革与优化。对于中国而言，出于对经济增长可持续性以及减少外部需求依赖性的考虑，调整经济结构、转变经济增长方式、促进贸易结构平衡以及提高国内需求水平成为主要的政策目标。

而美国政府则不断强调实体经济的重要性，推出“出口倍增计划”和“再工业化”，意在“重振美国的制造业”。因此，就中美两国金融危机后的经济政策取向而言，两国具有相似的需要实现本国经济内外部平衡的目标，因此也有合作的空间。

与前两个议题相反，中美两国在气候变化问题经历了从2009年哥本哈根全球气候大会上的分歧大于合作到2015年巴黎气候大会上的合作大于分歧的过程。两国在气候谈判问题上的利益认知和身份都发生了巨大的转变。哥本哈根会议中的中美在身份定位上均为非责任者，并认为气候减排行动将造成国家利益损失，因此合作失败。在巴黎会议中的中美都承认大国在气候减排上的责任者身份，并以发展国内低碳经济为主导实现减排，从而实现了大国合作。

需要指出的是，两国在二十国集团内的互动并非在真空中进行，受到各种因素的影响。就负面因素而言，二十国集团峰会机制的非正式性虽然有助于成员形成共识，但峰会共识和决议缺乏约束力，影响峰会成果的落实；二十国集团内不同成员的不同利益诉求和政治分野削弱了集团的向心力；美国对待国际组织一贯的实用主义态度又削弱了集团内的领导力。此外，2008年以来国际经济力量的对比向着有利于新兴经济体的方向发展，改变了发达国家在与新兴经济体交往过程中的利益计算。尤其是美国和中国经济力量对比的变化，导致两国双边关系的总体基调从金融危机期间的合作向后危机时代的冲突演变，直接限制了两国在二十国集团内合作的限度。就积极因素而言，全球经济一体化的发展带来了诸多超越国界的新问题，主权国家仅凭一己之力难以应对；二十国集团为发达国家与发展中国家，也为中国与美国创造了一个前所未有的国际经济治理的新平台；而美国和中国作为发达国家和发展中国家各自的代表和领头羊，承担着超越别国的大国责任和国际压力，为两国的合作提供了额外的空间。

综上所述，二十国集团作为发达国家和新兴经济体共同进行国际经济治理的平台，也为美国和中国这两个最大的发达国家的最大的发展中国家的互动提供了新的平台。由于美国和中国巨大的经济体量和地位，两国在二十国集团内的互动具有重要的影响力。就上述几个案例而言，美国和中国是危机期间经济刺激计划的全球领头羊，为其他国家发挥了很好的示范效应，有效地制止了危机的恶化。而在全球经济失衡问题和气候变化问题上的分歧也造成了二十国集团成员甚至全球在这些问题上的分化与对立。可以说，中美两国的合作可以促进二十国集团内甚至是全球范围内的合作，而中美两国的分歧则同样可以导致二十国集团乃至全球的分裂与对立。

第七章

结　语

二十国集团的成立与发展都源于危机，它是国际经济治理机制演变与发展的最新结果，反映了当今时代全球权力中心开始从发达国家向新兴经济体发生转移的现实。二十国集团汇集了全球各个区域的系统重要性国家，成员的 GDP 占全球的 85%以上，贸易量和人口分别占全球的四分之三与三分之二。二十国集团囊括了主要发达国家和新兴经济体，不同发展阶段、不同资源禀赋和不同政治文化的国家能够以比较平等的地位共同参与国际经济治理。作为一个非正式的国际机制，二十国集团是成员开展交流讨论、政策辩论和决议的论坛。该集团在发展过程中形成了一个金字塔型的会议结构，既有最高级别的领导人峰会，也有各种部长级会议和工作组、专家组会议。集团的议程也由最初专注与经济与金融议题逐渐扩展到了涵盖发展、气候、粮食安全、反腐、反恐、女性地位等议题。简言之，二十国集团是当前“唯一一个能够做到兼顾议事效率、成效和南北共同利益的全球性大国共治型经济治理平台”①。

自成立以来，二十国集团取得了瞩目的成就。相比于其他的全球经济治理平台，二十国集团在危机应对、政策协调、国际金融体系改革和领导人督促等方面具有明显的优势，有力维护了国际金融秩序的稳定，促进了世界经济的复苏与增长。当2008年国际金融危机缓解后，二十国集团又开始将工作中心转向未来全球经济的预防工作，向全球指导委员会转型。包括气候变化、反腐败、就业、联合国千年发展目标等重要议题不断纳入二十国集团峰会的议程范围，并取得了治理成效。纵观二十国集团的表现，二十国集团在应对危机时的表现胜过后危机时代的国际协调。2008年金融危机的严重性与紧迫性为成员间的合作提供了动力，各国共同推出的经济刺激计划成为国际经济合作史上的典范。然而危机过后，各种之前被掩盖或搁置的差异与分歧显现，二十国集团的发展动力、凝聚力和领导力都遭到削弱，再加上二十国集团因其非正式的性质而约束力不足，因此，二

① 高海红等著：《二十国集团与全球经济治理》，北京：中国社会科学出版社2016年版，第273页。

十国集团能否由临时性危机应对机制转变为长效的全球经济治理机制，仍存在诸多不确定因素。

自成立以来，二十国集团在各种机构与行为体林立的复杂的全球治理网络中，已经充分展示了其重要地位，也为包括美国和中国在内的成员提供了一个重要的互动平台。但是，需要指出的是，无论二十国集团体系多重要，它都不能代表全球治理的全部，需要同各种各样的其他行为体建立有效的联系，更需要成员中的大国的支持并发挥领导作用。在公认的成效卓著的那些二十国集团议程上，包括危机期间的经济刺激计划、国际金融体系改革、气候变化等，美国、欧盟国家和中国等大国都发挥了重要的领导作用。而在包括全球经济失衡、全球贸易、对最不发达国家的援助等议题上，由于二十国集团内成员特别是大国的分歧，不仅议题进展迟滞不前，还引发了成员的分化，损害了二十国集团的向心力和发展动力。

当我们将二十国集团的成就与问题放置于国际经济治理的历史演变中，可以看到包括二十国集团、七国集团、八国集团和布雷顿森林体系机制的出现都是为了应对国际体系内政治力量与经济力量的分离，即全球经济与技术领域的融合趋势与国际政治领域持续的由主权国家主导的分散状态之间的冲突。经济融合与政治分散之间的紧张关系导致了全球经济不稳定，威胁到了全球经济的开放性与效率，而国际经济治理机制的出现就是为了解除和缓和这种紧张关系。

当然，正如第二章所引的“国家中心主义”国际政治经济学所述，在经济全球化的背景下，经济因素对于全球经济的特点具有重要的塑造作用，但政治因素的影响同样重要，甚至更为重要。全球经济的性质与特点受到国际体系中主要大国的经济与安全利益的重要影响，也受到这些大国间相互关系的重要影响。国际机制对促进国际合作固然具有重要作用，但主权国家尤其是大国及大国间关系对国际机制具有决定性的影响。换言之，国际机制和组织并不是独立的存在，不能脱离于大国间实力竞争，它们是国际政治斗争的一部分。

正如前引国际政治经济学的集大成者吉尔平教授所言，很难想象大国会对全球经济产品的分配和经济力量对国家利益的可能影响等重大问题无动于衷，任其由市场力量决定。尤其是在二十国集团成立以来的时间里，世界经济格局和秩序发生了巨大变化，全球经济力量向新兴经济体发生转移。在这样的时期，传统大国与新兴大国、传统大国之间最容易关注分配问题，担心自己在合作中失利，从而可能丧失大国的地位，这也导致了二十国集团凝聚共识变得非常困难。美国对二十国集团峰会机制从热到冷的态度转变，即是这一世界经济大变革时期大国心态的最好注脚。

二十国集团取得的成绩和遇到的挑战，以及中美两国在二十国集团内既合作又冲突的关系给中国带来了以下启示。

第一，中国应继续积极参与并支持二十国集团的工作与进程。中国作为二十国集团的创始成员，是二十国集团事务的积极参与者、建设者和改革者，同时也是一个受益者。首先，二十国集团的出现在国际经济治理的发展史上具有重要的意义，是在全球经济一体化深入发展和新兴经济体崛起背景下，全球经济治理发展的最新结果。二十国集团虽然并未完全打破或超越原有的由西方主导的国际经济治理体系，但包括中国在内的新兴经济体获得了与发达国家平等对话、共同开展国际经济治理的地位，因此，二十国集团为中国以发展中国家的身份参与治理提供了较为理想的渠道。其次，二十国集团以国际经济协调与合作、促进全球经济增长为主要目标，二十国集团的良好运行有助于维护国际金融市场的稳定和世界经济的稳定、持续和平衡发展。与此同时，中国经济的持续发展需要稳定的国际经济环境，因此，二十国集团的目标与中国对外部经济环境的需求基本一致。这就要求中国认同和支持二十国集团的目标。最后，二十国集团为中国提供了重要的参与和领导国际经济治理的学习机会。随着经济实力的增长，中国参与国际经济治理、提供全球公共产品的能力和意愿都在增长，但是如何发挥这种能力，如何在不同的议题领域以合适的方式提出自身的诉求同时照顾和协调其他国家的不同诉求，是一个需要学习的过程，二十国集团正好提供了这样的学习平台。已有学者指出，二十国集团推动了中国从全球治理的外围走向中心，并催生了中国特色的国际治理观。尤其是通过主办 2016 年二十国集团杭州峰会，中国推动了二十国集团向长效治理机制的转型。① 同时，中国提出以平等作为全球治理的基础，反映了发展中国家的利益诉求，有助于在全球经济治理机制内引导世界经济的多样性发展。

第二，在继续支持二十国集团的同时，中国应当对二十国集团的作用与局限持有理性的态度，尤其是对美国拒绝发挥二十国集团领导作用的可能性做好充分准备。

---

① 张海冰：《全球治理视角下的中国与 G20》，《同济大学学报（社会科学版）》2017 年第 2 期。

二十国集团中包括中国在内的发展中国家成员虽然作为创始国都在集团内拥有平等的地位，但是毕竟发达国家特别是美国才是该集团的发起国。二十国集团的发展史已清楚地表明，不论是始于1999年二十国集团财长、央行行长会议，还是2008年集团升级到领导人峰会层次，背后的主导力量都是美国与其发达国家盟友。2009年匹兹堡第三次峰会上宣布二十国集团为国际经济合作主要平台的也是美国总统奥巴马。从美国的二十国集团政策来看，美国最倚重该集团的时间是金融危机最为严重的2008年和2009年，其目的是充分动员全球力量应对危机。之后，美国也从未放弃主导二十国集团的议程，不论是在世界经济失衡议题上“追责”贸易顺差国，还是在全球贸易议题上从“自由贸易”转向“公平贸易”，都是其意图主导议程的表现。当美国发现难以主导二十国集团的议程时，便拖延峰会决议的落实，美国迟至2015年底才批准早在2010年便通过的国际货币基金组织投票权改革方案即是一例，同时美国又开始有意弱化该集团的进程，转而谋求太平洋和大西洋地区的贸易和投资机制。由此可见，美国的二十国集团政策完全基于其特殊的国家利益。发展中国家固然可以拥抱二十国集团，认为它是国际经济治理甚至整个国际体系民主化和平等化的化身，但是，只要当前国际体系的构建者美国利用其体系霸权阻挠或轻视发展中国家的诉求，国际经济治理民主化的愿望便难以实现。尤其是在当前美国实力相对下降，中国等新兴国家实力相对上升的背景下，美国更加关注相对收益，更加执着于维护其主导地位，因此，无法指望美国在二十国集团内做出让步，发挥其积极的领导作用。特朗普政府所实施的“美国优先”、单边主义政策更是为二十国集团的发展蒙上了阴影。

第三，在美国对二十国集团兴趣下降的情况下，中国可以尝试从两个方面来推动二十国集团的继续前进。首先，中国可以在不同的议题上选择不同的二十国集团成员进行合作，同时加强与每年峰会东道国的合作。以2017年汉堡峰会为例，虽然美国特朗普政府消极以待，甚至公开反对，但东道国德国和中国、俄罗斯等一些国家之间不断磋商，保持积极沟通，在不同议题上发挥了不同的领导力，维护了二十国集团的团结，也保证了集团议程的持续性。又比如，在气候变化议题上，特朗普政府已经退出《巴黎协定》，但中国可以继续和欧盟等地区和国家继续携手，在气候议题上发挥领导作用。其次，中国可以尝试推动二十国集团从国际经济治理平台发展为更为综合性的全球治理平台。二十国集团成立以来，其主要议题一直是在经济和金融领域，是国际经济治理的主要平台。但是这些年来，二十国集团平台上的国际经济治理实践表明，成员在全球经济失衡、全球金融体系和货币体系改革、反对贸易保护主义等议题上龃龉不断，继续合作的空间很小。其实，如前文所述，二十国集团在寻找新的合作空间的路途上，已经把议题扩展到了诸多非经济议题。在汉堡峰会上，反恐议题成为主要议题之一，为二十国集团峰会注入了新的动力，也为美国与其他国家提供了新的合作空间。随着这些非经济议题进入二十国集团议程，二十国集团呈现出了向一个更加综合性的全球治理平台转型的趋势。

参考文献

一、中文文献

中文专著

1. [加拿大] 彼得・哈吉纳尔:《八国集团体系与二十国集团:演讲、角色与文献》(朱杰进译),上海:上海人民出版社 2010 年版。

2. [加拿大] 彼得・哈吉纳尔:《二十国集团:演变、互动、记录》(国务院发展研究中心"国际经济金融治理"基础课题组译),北京:中国发展出版社 2017 年版。

3. 高海红等:《二十国集团与全球经济治理》,北京:中国社会科学出版社 2016 年版。

4. 李俊峰等:《中国风电发展报告 2010》,海口:海南大学出版社 2010 年版。

5. 庞中英:《全球治理的中国角色》,北京:人民出版社 2016 年版。

6. 王辑思、李侃如:《中美战略互疑:解析与应对》,北京大学国际战略研究中心 2012 年版。

7. 王逸舟：《磨合中的建构：中国与国际组织关系的多视角透视》，北京：中国发展出版社2003年版。

8. 王逸舟：《创造性介入：中国外交新取向》，北京：北京大学出版社2011年版。

9. 王勇：《中美经贸关系》，北京：中国市场出版社2007年版。

10. 吴心伯：《世事如棋局局新——二十一世纪初中美关系的新格局》，上海：复旦大学出版社2011年版。

11. 徐凡：《二十国集团（G20）机制化建设研究》，北京：对外经济贸易大学出版社2015年版。

12. 余万里：《美国贸易决策机制与中美关系》，北京：时事出版社2013年版。

13. ［美］约瑟夫·奈：《美国注定领导世界？——美国权力性质的变迁》（刘华译），北京：中国人民大学出版社2012年版。

14. 中国国际经济交流中心：《国际经济分析与展望（2015—2016）》，北京：社会科学文献出版社2016年版。

15. 朱明权：《领导世界还是支配世界：冷战后美国国家安全战略》，天津：天津人民出版社2005年版。

中文编著

16. 孙哲主编：《后危机世界与中美战略竞逐》，北京：

时事出版社 2011 年版。

17. 孙哲主编：《新型大国关系：中美协作新方略》，北京：时事出版社 2013 年版。

18. 王伟光、郑国光主编：《应对气候变化报告（2010）：坎昆的挑战与中国的行动》，北京：社会科学文献出版社 2010 年版。

19. 王伟光、郑国光主编：《应对气候变化报告（2014）：科学认知与政治争锋》，北京：社会科学文献出版社 2014 年版。

20. 解振华主编：《中国应对气候变化的政策与行动——2010 年度报告》，北京：社会科学文献出版社 2010 年版。

21. 杨力主编，《二十国集团发展报告（2012）》，上海：上海人民出版社 2013 年版。

22. 郑新立主编：《中国与世界年中经济分析与展望》，北京：社会科学文献出版社 2010 年版。

23. 中国人民大学重阳金融研究院主编：《谁来治理新世界：关于 G20 的现状和未来》，北京：社会科学文献出版社 2014 年版。

中文论文

24. 巴曙松：《中国必须找到下一个经济增长点》，《新财经》2008 年第 12 期。

25. 薄燕：《中美在全球气候变化治理中的合作与分歧》，《上海交通大学学报（哲学社会科学版）》2016 年第 1 期。

26. 曹明德：《哥本哈根协定：全球应对气候变化的新起点——兼论中国在未来气候变化国际法制定中的策略》，《政治与法律》2010 年第 3 期。

27. 曹玮、王俊峰：《G20 机制化建设与中国的对策》，《亚非纵横》2011 年第 4 期。

28. 陈梁、阴艳廷：《经济刺激计划绩效评估的国际比较：以中美为例》，《发展研究》2013 年第 2 期。

29. 陈伟光：《全球治理与全球经济治理：若干问题的思考》，《教学与研究》2014 年第 2 期。

30. 陈志敏：《多极世界的治理模式》，《世界经济与政治》2013 年第 10 期。

31. 崔志楠、邢悦：《从“G7”时代到“G20”时代——国际金融治理机制的变迁》，《世界经济与政治》2011 年第 1 期。

32. 董亮：《G20 参与全球气候治理的动力、议程与影响》，《东北亚论坛》2017 年第 2 期。

33. 房广顺、唐彦林：《奥巴马政府的二十国集团战略评析》，《美国研究》2011 年第 2 期。

34. 顾国平：《金融危机阴影下的美国对华经贸政策》，《国际论坛》2011 年第 4 期。

35. 顾国平、梅仁毅：《“两国集团”构想的历史考察》，《美国研究》2011 年第 4 期。

36. 郭树清：《金融危机对中国未来发展的启示》，《中国改革》2009 年第 1 期。

37. 郭树勇：《二十国集团的兴起与国际社会的分野》，《当代世界与社会主义》2016 年第 4 期。

38. 洪邮生、方晴：《全球经济治理力量重心的转移：G20 与大国的战略》，《现代国际关系》2012 年第 3 期。

39. 黄仁伟：《新兴大国参与全球治理的利弊》，《现代国际关系》2009 年第 11 期。

40. 金灿荣：《G20 的缘起与前景》，《现代国际关系》2009 年第 11 期。

41. 金灿荣：《热话题与冷思考——关于二十国集团与全球治理中的中国角色的对话》，《当代世界与社会主义》2016 年第 4 期。

42. 孔祥永、梅仁毅：《如何看待美国软实力》，《美国研究》2012 年第 2 期。

43. 雷达、赵勇：《全球经济再平衡下的中美经济：调整与冲突》，《南开学报（哲学社会科学版）》2013 年第

1 期。

44. 李海东：《奥巴马政府的气候变化政策与哥本哈根世界气候大会》，《外交评论》2009 年第 6 期。

45. 李洁：《国际货币基金组织（IMF）与 1997 年亚洲金融危机》，《瞭望》2008 年 46 期。

46. 李荔：《警惕贸易摩擦新动向》，《世界知识》2013 年第 20 期。

47. 李平、王春晖、于国才：《基础设施与经济发展的文献综述》，《世界经济》2011 年第 5 期。

48. 李杨、苏骁：《G20：美国领导全球经济治理的新途径——兼论中国的应对策略》，《当代亚太》2016 年第 2 期。

49. 刘宏松：《正式与非正式国际机制概念辨析》，《欧洲研究》2009 年第 3 期。

50. 刘威、李同稳、王钊：《G20 治理对全球经济失衡演变的影响研究》，《武汉大学学报（哲学社会科学版）》2013 年第 6 期。

51. 刘馨蔚：《全球经济迈入新常态：G20 汉堡峰会的“破”与“立”》，《中国对外贸易》2017 年第 9 期。

52. 刘宗义：《“二十国集团”转型与中国的作用》，《现代国际关系》2015 年第 7 期。

53. 龙盾：《身份、利益与大国合作：以哥本哈根和巴黎气候谈判中的中美关系为例》，外交学院博士论文，2017年。

54. 卢周来、唐永胜、沈志华：《欧美社会经济危机与中国宏观政策选择》，《国外理论动态》2011年第12期。

55. 吕有志、查君红：《G7/G8角色转型与全球治理》，《现代国际关系》2001年第12期。

56. [美] 斯图瓦特·帕特里克：《全球治理改革与美国的领导地位》，《现代国际关系》2010年第3期。

57. 宋国友：《全球量化宽松、新兴经济体与国际金融治理》，《国际观察》2013年第2期。

58. 宋伟：《IMF近期决策结构改革及其对中国的影响（2006~2012）》，《国际经贸探索》2013年第6期。

59. 汤柳、王旭祥：《欧洲量化宽松政策前景难料》，《中国金融》2012年第11期。

60. 唐永胜、卢刚：《中美关系的结构性矛盾及其化解》，《现代国际关系》2007年第6期。

61. 陶文钊：《如何看待美国的战略调整》，《国际关系学院学报》2012年第4期。

62. 王国兴、成靖：《G20机制化与全球经济治理改革》，《国际展望》2010年第3期。

63. 王联合、耿召：《美国对 G20 的认知与政策反应：以 G20 杭州峰会与汉堡峰会为例》，《国际观察》2018 年第 2 期。

64. 王琳、褚建平：《日本和英国新一轮量化宽松政策评介》，《银行家》2012 年第 4 期。

65. 王颖、李计广：《G20 与中国》，《现代国际关系》2012 年第 6 期。

66. 王正毅：《国际政治经济学：历史、理论与方法》，《欧洲》2002 年第 1 期。

67. 吴崇宇、刘仲仪：《基础设施建设走出去的现状及前景》，《宏观经济管理》2014 年第 5 期。

68. 吴涧生：《从 G20 汉堡峰会看全球经济治理的"变"与"不变"》，《中国发展观察》2017 年第 14 期。

69. 徐凡、陈晶：《美国在 G20 全球经济治理中的现实挑战与战略评估》，《国际贸易》2017 年第 6 期。

70. 许一多：《实用主义：美国外交战略的哲学理念》，《国际论坛》2002 年第 3 期。

71. 杨洁勉：《二十国集团的转型选择和发展前景》，《国际问题研究》2011 年第 6 期。

72. 杨松：《基于全球化视角反思全球失衡的根源》，《改革与战略》2012 年第 5 期。

73. 余永定：《崛起的中国与七国集团、二十国集团》，《国际经济评论》2004 年第 5 期。

74. 余永定：《崛起的中国与七国集团、二十国集团》，《国际经济评论》2004 年第 9—10 期。

75. 袁鹏：《金融危机与美国经济霸权：历史与政治的解读》，《现代国际关系》2009 年第 5 期。

76. 袁鹏：《G20 的时代意义与现实启示》，《现代国际关系》2009 年第 11 期。

77. ［加拿大］约翰·柯顿：《G20 与全球发展治理》，《国际展望》2013 年 4 期。

78. 张海冰：《二十国集团机制化的趋势与影响》，《世界经济研究》2010 年第 9 期。

79. 张海冰：《全球治理视角下的中国与 G20》，《同济大学学报（社会科学版）》2017 年第 2 期。

80. 张海冰：《G20 汉堡峰会：在妥协中发展》，《中国外汇》2017 年第 15 期。

81. 张焕波：《全球应对气候变化政策趋势与分析》，载中国国际经济交流中心著：《国际经济分析与展望（2015—2016）》，北京：社会科学文献出版社 2016 年版。

82. 张严冰、杜胜平：《当前二十国集团的机制化困境及应对之策》，《现代国际关系》2015 年第 12 期。

83. 张宇燕：《全球治理的中国视角》，《世界经济与政治》2016 年第 9 期。

84. 赵瑾：《G20：新机制、新议题与中国的主张和行动》，《国际经济评论》2010 年第 5 期。

85. 朱杰进：《G20 机制非正式性的起源》，《国际观察》2011 年第 2 期。

86. 朱杰进：《非正式性与 G20 机制未来发展》，《现代国际关系》2011 年第 3 期。

87. 朱杰进：《G20 汉堡峰会：分歧、化解路径及启示》，《当代世界》2017 年第 8 期。

中文网站

88.《二十国集团峰会五周年声明》，中华人民共和国外交部网站，2013 年 9 月 11 日，http://www.fmprc.gov.cn/mfa_chn/zyxw_602251/t1075599.shtml。

89.《胡锦涛在二十国集团领导人第二次金融峰会上的讲话（全文）》，中华人民共和国外交部网站，2009 年 4 月 3 日，https://www.fmprc.gov.cn/web/gjhdq_676201/gjhdqzz_681964/ershiguojituan_682134/zyjh_682144/t555762.shtml。

90.《胡锦涛在二十国集团领导人第六次峰会上的讲话（全文）（2）》，人民网，2011 年 11 月 4 日，http://politics.people.com.cn/GB/101380/16129241.html。

91.《胡锦涛在20国集团领导人第四次峰会上的讲话（全文）》，中国政府网，2010年6月27日，http://www.gov.cn/ldhd/2010-06/27/content_1639029.htm。

92.《李明博提出G20首尔峰会四大议题》，新华网，2010年11月1日，http://news.xinhuanet.com/world/2010-11/01/c_12724659.htm。

93. 隆国强，“全球经济治理体系变革的历史逻辑与中国作用”，人民网—人民日报，2017年8月28日，http://finance.people.com.cn/n1/2017/0828/c1004-29497447.html。

94.《通力合作共度时艰——在金融市场和世界经济峰会上的讲话（11/16/08）》，中华人民共和国驻美利坚合众国大使馆网站，2008年11月17日，http://www.china-embassy.org/chn/zmgx/zmsbzyjw/c/t522478.htm。

95.《温家宝总理在哥本哈根气候变化峰会上的讲话（全文）》，来源：新华网，CRI online，2009年12月19日，http://news.cri.cn/gb/27824/2009/12/19/2625s2708808.htm。

96.《应对金融危机一周年，“一揽子计划”回眸与展望》，中国政府网，2009年11月5日，http://www.gov.cn/jrzg/2009-11/05/content_1456910.htm。

97.《习近平出席二十国集团领导人第九次峰会并发表重要讲话》，中国政府网，2014年11月16日，http://

www.gov.cn/xinwen/2014-11/16/content_2779371.htm。

98.《习近平出席G20工商峰会开幕式并发表主旨演讲》，人民网，2016年9月3日，http://politics.people.com.cn/n1/2016/0903/c1001-28689034.html。

99. 习近平：《坚持开放包容，推动联动增长——在二十国集团领导人汉堡峰会上关于世界经济形势的讲话》，新华网，2017年7月7日，http://www.xinhuanet.com/world/2017-07/08/c_1121284462.htm。

100. 徐惠喜：《全球基础设施建设迎来发展新机遇》，中国经济网—《经济日报》，2015年1月9日，http://www.ce.cn/xwzx/gnsz/gdxw/201501/09/t20150109_4302282.shtml。

101.《中国政府阐明关于哥本哈根气候变化会议的立场》，中国新闻网，2009年5月21日，http://www.chinanews.com/gn/news/2009/05-21/1702566.shtml。

102.《中美气候变化联合声明》，中国政府网，2013年4月13日，http://www.gov.cn/jrzg/2013-04/13/content_2377183.htm。

103.《中美元首气候变化联合声明》，新华网，2015年9月26日，http://www.xinhuanet.com/world/2015-09/26/c_1116685873.htm。

104.《G20效应推人民币再创新高　外贸企业不敢接

长单》，来源：《南方日报》，人民网，2010 年 11 月 12 日，http://finance.people.com.cn/GB/13196819.html。

105.《2014 年：中美气候变化联合声明》，环球网国际新闻，2014 年 11 月 27 日，http://world.huanqiu.com/hot/2015-11/8061877.html。

二、英文文献

英文专著和报告

106. Aldy, Joseph E. and Robert N. Stavins eds., *Post-Kyoto International Climate Policy: Implementing Architectures for Agreement* (Cambridge, UK and New York: Cambridge University Press, 2010).

107. Asian Development Bank, and Asian Development Bank Institute, *Infrastructure for Seamless Asia* (Tokyo: Asian Development Bank Institute, 2009).

108. Bayne, Nicholas, *Staying Together: The G8 Summit Confronts the 21st Century* (Aldershot: Ashgate, 2005).

109. Bayne, Nicholas and Stephen Woolcock, eds., *The New Economic Diplomacy: Decision-Making and Negotiation in International Economic Relations* (Farnham and Burlington, Vt.: Ashgate, 2011).

110. Bergsten, C. Fred, Charles Freeman, Nicholas R. Lardy and Derek J. Mitchell, *China's Rise: Challenges and Opportunities* (Washington, D. C.: Peterson Institute for International Economics, 2008).

111. Brown, Gordon, *Beyond the Crash: Overcoming the First Crisis of Globalization* (New York and London: Free Press, 2010).

112. Bush, George W., *Decision Points* (New York: Crown Publishers, 2010).

113. Carin, Barry, *No Fairy Tale at the Cannes G20 Summit* (Waterloo, Canada: Center for International Governance Innovation, 2011).

114. Cooper, Andrew F. and Ramesh Thakur, *The Group of Twenty (G20)* (London and New York: Routledge, 2013).

115. Cooper, Richard, *The Economics of Interdependence: Economic Policy in the Atlantic Community* (New York: McGraw-Hill, 1968).

116. Crabb, Cecil V. Jr., *The American Approach to Foreign Policy: A Pragmatic Perspective* (Lanham, MD: University Press of America, 1985).

117. English, J., R. Thakur, and A. Cooper, eds., *Reforming*

from the Top: A Leaders' 20 Summit (New York: United Nations University Press, 2005) .

118. Friedberg, Aaron, *A Contest for Supremacy: China, America, and the Struggle for Mastery in Asia* (New York: W. W. Norton & Company, 2012) .

119. Gilpin, Robert, *War and Change in World Politics* (Cambridge, UK: Cambridge University Press, 1981) .

120. Gilpin, Robert and Jean M. Gilpin, *International Political Economy: Understanding the International Economic Order* (Princeton and Oxford: Princeton University Press, 2001) .

121. Hajnal, Peter I., *The G8 System and the G20: Evolution, Role and Documentation* (Aldershot: Ashgate, 2007) .

122. Kirton, John, *G20 Governance for a Globalized World* (Farnham: Ashgate, 2013) .

123. Luck, Edward C., *Mixed Messages: American Politics and International Organizations, 1919 – 1999* (Washington, D. C. : Brookings Institution Press, 1999) .

124. Mearsheimer, John J., *The Tragedy of Great Power Politics* (Updated Edition) (New York: W. W. Norton & Company, 2014) .

125. Murphy, Craiy N., Roger Tooze, eds., *The New International political Economy* (Boulder, CO: Lynne Rienner, 1991).

126. Paulson, Henry M., *On the Brink: Inside the Race to Stop the Collapse of the Global Financial System* (New York: Grand Central Publishing, 2010).

127. Rosenau, James N. and Ernst O. Czempiel, *Governance without Government: Order and Change in World Politics* (Cambridge: Cambridge University Press, 1992).

128. Vayrynen, Raimo V. ed., *Globalization and Global Governance* (Lanham, Md.: Rowman & Littlefield Publishers, 1999).

英文报刊

129. Alderman, Liz, "As G20 Leaders Set Deal, Geithner Criticizes China," *The New York Times*, February 20, 2011, p.10.

130. Brzezinski, Zbigniew, "Let's Add to the G-7," *The New York Times*, June 25, 1996, A11.

131. Silva, Luiz Inacio Lula da, "At Yekaterinburg, The BRICs Come of Age," *The Hindu* (Chennai), June 16, 2009.

132. Zoellick, Robert and Lin Yifu, "Recovery Rides on the 'G-2'," *The Washington Post*, March 6, 2009.

英文论文

133. Altman, Roger C., "The Great Crash, 2008: A Geopolitical Setback for the West," *Foreign Affairs*, Vol. 88, No.1, January/February 2009, pp.2-14.

134. Baker, Andrew, "The G7 as a Global 'Ginger Group': Plurilateralism and Four-Dimensional Diplomacy," *Global Governance*, Vol.6, No.2, 2000, pp.165-189.

135. Barroso, Joao Barata R. B., Luiz A. Pereira da Silva and Adriana Soares Sales, "Quantitative Easing and Related Capital Flows into Brazil: Measuring Its Effects and Transmission Channels Through a Rigorous Counterfactual Evaluation," Working Papers Series 313, Central Bank of Brazil, Research Department.

136. Bayoumi, Tamim and Pickford, Stephen, "Is International Economic Policy Cooperation Dead?" Chatham House Research Paper, June 2014.

137. Bergstein, C. Fred, "The New Agenda with China," *International Economics Policy Briefs*, 1998, pp.98-102.

138. Bergsten, C. Fred, "Two's Company," *Foreign Affairs*, Vol.88, No.5, September/October, 2009, pp.169-170.

139. Blackwill, Robert and Ashley J. Tellis, "Revising U.S.

Grand Strategy toward China," Council on Foreign Relations, Special Report No.72, March 2015.

140. Bonciu, Florin, "G20—A Stepping Stone towards a New World Order?" *Romanian Economic and Business Review*, Vol.4, No.2, 2009, pp.7-12.

141. Bradford, Colin and Johannes Linn, "A History of G20 Summits: The Evolving Dynamic of Global Leadership," *Journal of Globalization and Development*, No.2, Vol.2, 2011, pp.1-21.

142. Bremmer, Ian, "From G20 to G - Zero," *New Statesman*, Vol.142, No.5161, July 6, 2013, pp.22-27.

143. Bronnert, Deborah, "Making Government Policy: The G8 and G20 in 2010," in Nicholas Bayne and Stephen Woolcock, eds., *The New Economic Diplomacy: Decision-Making and Negotiation in International Economic Relations* (Farnham and Burlington, Vt.: Ashgate, 2011).

144. Carin, Barry and David Shorr, "The G-20 as a Lever for Progress," *Policy Analysis Brief*, The Stanley Foundation, 2013.

145. Carter, Ash, "The Rebalance and Asia - Pacific Security: Building a Principled Security Network," *Foreign Affairs*, Vol.95, No.6, November/December 2016, pp.65-75.

146. Clinton, Hillary, "America's Pacific Century,"

Foreign Policy, No.189, November 2011, p.56.

147. Cooper, Andrew F., "The G20 as an Improvised crisis committee and/or a Contested ' Steering Committee' for the World, "*International Affairs*, Vol.86, No.3, 2010, pp.741-757.

148. Dimitrov, Radoslav S., "Inside UN Climate Change Negotiations: The Copenhagen Conference," *Review of Policy Research*, Vol.27, No.6, 2010, pp. 796-817.

149. Dollar, David, "China's Rise as a Regional and Global Power: The AIIB and the ' One Belt, One Road' ," *Horizon*, No.4, Summer 2015, pp.162-172.

150. Earl, Greg, "My G20-Soaked Season in the Sun," *Financial Review,* June 5, 2015.

151. Ferguson, Niall and Moritz Schularick, "Chimerica and the Global Asset Market Boom," *International Finance*, Vol. 10, No.3, 2007, pp.215-239.

152. Friedberg, Aaron, "The Sources of Chinese Conduct: Explaining Beijing's Assertiveness," *Washington Quarterly*, Vol. 37, No.4, Winter 2015, pp.133-150.

153. Froman, Michael, "The Strategic Logic of Trade," *Foreign Affairs*, Vol. 93, No. 6, November/December 2014, pp.111-118.

154. Furstenberg, George Von and Joseph Daniels, "Policy Undertakings by the Seven Summit Countries: Ascertaining the Degree of Compliance," Carnegie-Rochester Conference Series on Public Policy 35, 1991, pp.267-308.

155. Garrett, Geoffrey, "G2 in G20: China, the United States and the World after the Global Financial Crisis," *Global Policy*, Vol.1, No.1, January 2010, pp.29-39.

156. Geithner, Timothy F. and Lawrence H. Summers, "Our Agenda for the G20," *Wall Street Journal*, June 23, 2010.

157. Grevi, Giovanni, "The G20 after Cannes: An Identity Crisis," *FRIDE Policy Brief*, No.105, November 2011.

158. Hajnal, Peter and John Kirton, "The Evolving Role and Agenda of the G7/G8: A North American Perspective," *NIRA Review*, Vol.7, No.2, 2000, pp.5-10.

159. Hajnal, Peter, "Summitry from G5 to L20: A Review of Reform Initiatives," Centre for International Governance Innovation, Working Paper No.20, March 2007.

160. Hayes, Christopher, "The Pragmatist," *The Nation*, December 29, 2008, pp.13-16.

161. Hutson, Elaine and Colm Kearney, "The Asian Financial Crisis and the Role of the IMF: A Survey," *Journal of*

the Asia Pacific Economy, No.4, 1999, pp.393-412.

162. Ikenberry, John, "The Rise of China and the Future of the West," *Foreign Affairs*, Vol. 87, No. 1, January/February 2008, pp.23-37.

163. Ikenberry, John. "The Future of the Liberal Order," *Foreign Affairs*, Vol.90, No.3, May/June 2011, pp.56-68.

164. Kharas, Homi and Domenico Lombardi, "The Group of Twenty: Origins, Prospects and Challenges for Global Governance." The Brookings Institution, 2012.

165. Kirchner, Stephen, "The G20 and Global Governance," *Cato Journal*, Vol.36, No.3, Fall 2016, pp.485-506.

166. Kirton, John, "The Diplomacy of Concert: Canada, the G7 and the Halifax Summit," *Canadian Foreign Policy*, Vol.3, No.1, 1995, pp.63-80.

167. Krasner, Stephen D., "Regimes and the Limits of Realism: Regimes as Autonomous variables," in Stephen D. Krasner, eds., *International Regimes* (Beijing: Peking University Press, 2005).

168. Krasner, Stephen D., "State Power and the Structure of International Trade," in Stephen D.Krasner eds., *Power, The State, and Sovereignty: Essays on International Relations* (London

and New York: Routledge, 2009).

169. Krauthammer, Charles, "The Unipolar Moment," *Foreign Affairs*, Vol. 70, No. 1, America and the World 1990/1991, pp.23-34.

170. Krauthammer, Charles, "The Bush Doctrine," *Time*, March 5, 2001, p.42.

171. Lampton, David, "A New Type of Major - Power Relationship: Seeking a Durable Foundation for U.S. - China Ties," *Asia Policy*, No.16, July 2013.

172. Li, Mingjiang, "Rising from Within: China's Search for a Multilateral World and Its Implications for Sino - US Relations," *Global Governance*, Vol. 17, No. 3, July - September, 2011, pp.331-351.

173. Linn, Johannes F. and Colin I. Bradford, Jr., "Pragmatic Reform of Global Governance: Creating an L20 Summit Forum," Brookings Institution Policy Brief 152, April 2006.

174. Lipson, Charles, "Why Are Some International Agreements Informal?" *International Organization*, Vol. 45, No.4, 1991, pp. 495-538.

175. Martin, Paul, "The G20: From Global Crisis Responder to Steering Committee," in Andrew F. Cooper et al. eds., *The*

Oxford Handbook of Modern Diplomacy (Oxford: Oxford University Press, 2013) .

176. Mastanduno, Michael, "Economics and Security in Statecraft and Scholarship," in Peter J. Katzenstein, Robert O. Keohane and Stephen D. Krasner eds., *Exploration and Contestation in the Study of World Politics* (Cambridge, Ma. : MIT Press, 2002) .

177. Mastanduno, Michael, "US Foreign Policy and the Pragmatic Use of International Institutions," *Australian Journal of International Affairs*, Vol. 59, No. 3, September 2005, pp.317–333.

178. Mastanduno, Michael, "System Maker and Privilege Taker: U. S. Power and the International Political Economy," *World Politics*, Vol.61, No.1, January 2009, pp.121–154.

179. Mearsheimer, John J., "Can China Rise Peacefully?" *National Interest*, April 8, 2014.

180. Menkhoff, Lukas and Reeno Meyer, "The G20 Proposal on IMF Governance: Has Any Progress Been Made?" *Intereconomics*, Vol.45, No.3, 2010, pp.171–179.

181. Milne, David, "Pragmatism or What? The Future of US Foreign Policy," *International Affairs,* Vol. 88, No. 5, 2012,

pp.935-951.

182. Nolaskowski, Jan, Rob Keane and Tom Wright, "How Unified is the G - 20?" Project on International Order and Strategy at Brookings, November 14, 2014.

183. Patrick, Stewart, "Multilateralism and Its Discontents: The Causes and Consequences of U.S. Ambivalence," in Stewart Patrick and Shepard Forman eds., *Multilateralism and U. S. Foreign Policy: Ambivalent Engagement* (Boulder, Colo.: Lynne Rienner Publishers, 2002).

184. Patrick, Stewart, "Prix Fixe and à la Carte: Avoiding False Multilateral Choices," *The Washington Quarterly*, Vol.32, No.4, October 2009, pp.77-95.

185. Patrick, Stewart, "The United States and the G20", Background paper prepared for the Stanley - CICIR - CAP, Workshop on China, the US, and the G20, Santa Monica, California, February 15-17, 2012.

186. Payne, Anthony, "How Many Gs Are There in 'Global Governance' after the Crisis? The Perspectives of the 'Marginal Majority' of the World's States," *International Affairs*, Vol.86, No.3, 2010, pp.729-40.

187. Prodi, Amano, "Global Governance and Global

Summit from the G8 to the G20: History, Opportunities and Challenges, "*China & World Economy*, Vol.24, No.4, 2016, p.12.

188. Rice, Condoleezza, "Campaign 2000: Promoting the National Interest," *Foreign Affairs*, Vol. 79, No. 1, January/February 2000, p.47.

189. Sicherman, Harvey, "U. S. Foreign Policy after the Elections: Pragmatism, But in What Direction?" BESA Center Perspectives Papers No.52, December 23, 2008.

190. Slaughter, Anne - Marie, "The Real New World Order," *Foreign Affairs*, Vol.76, No.5, September/October 1997, pp.183-97.

191. Sprinz, Detlef and Tapani Vaahtoranta, "The Interest-based Explanation of International Environmental Policy," *International Organization*, Vol. 48, No. 1, December 1994, pp.77-105.

192. Stiglitz, Joseph, "How to Get out of the Financial Crisis," *Time*, October 17, 2008.

193. Waldron, Arthur, "The Asia Mess: How Things Did Not Turn Out as Planned," *Orbis*, Vol.59, No.2, Spring 2015, pp.143-166.

194. Wright, Thomas, "Toward Effective Multilateralism:

Why Bigger May Not Be Better," *Washington Quarterly*, Vol.32, No.3, July 2009, pp.163–180.

英文网站

195. Asian Development Bank, "ASEAN Launches Biggest Ever Fund to Meet Critical Infrastructure Needs," News release, May 3, 2012, http://www.adb.org/news/asean-launches-biggest-ever-fund-meet-critical-infrastructure-needs.

196. Brown, Chad P., "Antidumping, safeguards, and protectionism during the crisis: Two new insights from 4th quarter 2009," *VOX CERP Policy Portal*, February 18, 2010, http://www.voxeu.org/index.php?q=node/4635.

197. "Full Transcript: Trump's Paris climate agreement announcement," *CBS News*, June 1, 2017, https://www.cbsnews.com/news/trump-paris-climate-agreement-withdrawal-announcement-full-transcript/.

198. G20 Information Centre, University of Toronto, http://www.g20.utoronto.ca/.

199. IMF, "Reform of IMF Quotas and Voice: Responding to Changes in the Global Economy," revised March, 2008, http://www.imf.org/external/np/exr/ib/2007/041307.htm.

200. IMF, "IMF Quota and Governance Reform: Elements

of an Agreement," October 31, 2010, http://www.imf.org/external/np/pp/eng/2010/103110/pdf.

201. Lee, Jesse, "Nuclear Energy and an Energy-Independent Future," The White House, President Barack Obama, February 16, 2010, HTTPS://OBAMAWHITEHOUSE.ARCHIVES.GOV/BLOG/2010/02/16/NUCLEAR-ENERGY-AND-A-CLEAN-ENERGY-FUTURE.

202. Mattis, Jim, "Summary of the 2018 National Defense Strategy of the United States of America: Sharpening the American Military's Competitive Edge," US Department of Defense, January 19, 2018, p. 1, https://dod.defense.gov/Portals/1/Documents/pubs/2018-National-Defense-Strategy-Summary.pdf.

203. Office of the United States Trade Representative, *2017 Trade Policy Agenda and 2016 Annual Report of the President of the United States on the Trade Agreements Program*, March, 2017, pp.2-3, https://ustr.gov/sites/default/files/files/reports/2017/AnnualReport/AnnualReport2017.pdf.

204. 111th Congress, *Public Law 111-5 (American Recovery and Reinvestment Act of 2009)*, February 17, 2009, https://www.govinfo.gov/content/pkg/PLAW-111publ5/pdf/PLAW-111publ5.pdf.

205. "Press Conference by the President After G20 Meetings in Seoul, Korea," The White House Office of the Press Secretary, November 12, 2010, https://obamawhitehouse.archives.gov/the-press-office/2010/11/12/press-conference-president-after-g20-meetings-seoul-korea.

206. "Remarks by president Obama Before Bilateral Meeting with President Xi Jinping of China at the G20 Summit," West Lake State House, Hangzhou, China, September 3, 2016, https://china.usembassy-china.org.cn/sp-09032016/.

207. Solana, Javier, "The Cracks in the G-20," *Project Syndicate*, September 8, 2010, http://www.project-syndicate.org/commentary/the-cracks-in-the-g-20.

208. The White House, *Economic Report of the President*, February, 2006, http://www.gpoaccess.gov/eop/2006/2006_erp.pdf.

209. The White House, "President Obama Speaks on Rebuilding Our Infrastructure," May 14, 2014, https://www.whitehouse.gov/photos-and-video/video/2014/05/14/president-obama-speaks-rebuilding-our-infrastructure#transcript.

210. The White House, "American Recovery and Reinvestment Act: A $150 Billion Investment in Our Nation's

Infrastructure – The Largest New Investment Since the Construction of the Interstate Highway System," February 17, 2009, https://www.whitehouse.gov/assets/documents/Recovery_Act_Infrastructure_2-17.pdf.

211. The White House Office of Management and Budget, "Win the Future with a 21st Century Infrastructure," *The Federal Budget, Fiscal Year 2012*, https://www.whitehouse.gov/omb/factsheet/21st-century-infrastructure.

212. The White House, "Middle Class Economics: Building a 21st Century Infrastructure," *The President's Budget, Fiscal Year 2016*, p. 1, https://www.whitehouse.gov/sites/default/files/omb/budget/fy2016/assets/fact_sheets/building-a-21st-century-infrastructure.pdf.

213. The White House, *National Security Strategy of the United States of America*, December 17, 2017, p.2, https://www.whitehouse.gov/wp-content/uploads/2017/12/NSS-Final-12-18-2017-0905-2.pdf.

214. Tiberghien, Yves, "Global Power Shifts and G20: A Geopolitical Analysis at the Time of the Seoul Summit," Paper presented at the 12th Smart Talk Forum, 2010, pp.11–13, http://faculty.arts.ubc.ca/tiberg/Working% 20paper/Tiberghien, %

20Yves.% 20Global% 20Power% 20Shifts% 20and% 20G20% 20A% 20Geopolitical% 20Analysis% 20at% 20the% 20Time% 20of%20the%20Seoul%20Summit.pdf.

215. U.S. Census Bureau Foreign Trade Statistics, http://www.census.gov/foreign-trade/balance/c5700.html.

216. Wade, Robert and Jakob Vestgaard, "Overhaul the G20 for the Sake of the G172," *Financial Times*, October 21, 2010, http://www.ft.com/cms/s/0/a2ab4716-dd45-11df-9236-00144 feabdc0.html.

217. Zoellick, Robert and Lin Yifu, "Recovery Rides on the 'G-2'," *The Washington Post*, March 6, 2009, http://www.washingtonpost.com/wpdyn/content/article/2009/03/05/AR2009030502887.html.